On n'arrête pas le progrès

Jean Yanne

Présentation d'Olivier de Kersauson

On n'arrête pas le progrès

COLLECTION **LE SENS DE L'HUMOUR**

cherche midi

Du même auteur
au **cherche midi**

Pensées, répliques et anecdotes
Je suis un être exquis
J'me marre
Jean Yanne aux Grosses Têtes
On n'arrête pas la connerie

Direction éditoriale : Arnaud Hofmarcher et Gilles Durieux
Conception graphique : Corinne Liger-Marie

23, rue du Cherche-Midi
75006 Paris

Yanne l'enchanteur

S'il vous plaît ! Prenez le temps de regarder le portrait de Jean Yanne en couverture de ce livre : j'adore cette photo. C'est vraiment l'image merveilleuse que cet homme m'a laissée. Il y a tout de Yanne sur ce formidable cliché : la douceur, le rire, la défiance, la tendresse et surtout cette immense intelligence des choses que ne trahissent pas ses propos – lesquels sont souvent éblouissants et exceptionnellement drôles.

À la vue de cette image, j'ai revécu, comme par flashs, les moments étincelants que j'ai eu la chance de connaître avec lui.

Les écrits de Yanne l'enchanteur n'ont pas pris une ride. Ce fut un délice de parcourir les pensées simplement remarquables de cet homme qui disait de lui, en pouffant de rire : « Je suis un être exquis. »

OLIVIER DE KERSAUSON

Pensées et répliques 1

Quand on y réfléchit un peu, on se dit que le mec qui a inventé le jeu d'échecs n'avait jamais dû voir un cheval se déplacer de sa vie.

•

Je pense que le mec qui a inventé le mot « dyslexique » devait détester les dyslexiques.

– VOUS AVEZ PEUR DES REQUINS ?
– SEULEMENT QUAND ILS SONT DANS L'EAU.

•

Je me suis toujours demandé jusqu'à quel point s'étendait la vie sexuelle des adeptes du sadomasochisme. Que se passe-t-il si, le matin en se levant, il se cogne le petit doigt de pied dans le coin du lit ? Il a un orgasme ?

– Vous ne semblez guère avoir d'appétit pour les statistiques, Jean ?

– Je vais vous raconter une histoire, vous allez tout comprendre. Ce sont trois statisticiens qui vont à la chasse au canard. Ils sont là, avec leur fusil, un canard passe, le premier statisticien vise et tire cinq mètres au-dessus, le deuxième statisticien vise et tire cinq mètres en dessous, et le troisième dit : « C'est bon, on l'a eu ! »

Un jour à New York, j'ai vu dans la vitrine d'un petit restaurant une pancarte que le patron avait installée sur laquelle il avait écrit :

•

« Entrez, ou nous mourrons de faim tous les deux ! »

FEIGNANTS

C'est souvent les feignants qui font avancer les choses. Qui, croyez-vous, a inventé toutes ces choses destinées à nous faciliter la vie ?

– Vous n'ignorez pas que Michel-Ange était homosexuel.
– Ça me semble évident. Sinon, le plafond de la chapelle Sixtine, un pot de peinture blanche, un bon coup de rouleau, et c'était réglé !

– Vous pensez qu'il y a de l'intelligence sur les autres planètes ?
– Non. Je ne vois pas pourquoi elles seraient différentes de la nôtre.

Croyez-moi, en Asie, moins un aliment est typique, mieux c'est !

•

J'AIME BIEN LES MOTARDS. C'EST CHEZ EUX QU'ON TROUVE LE PLUS DE DONNEURS D'ORGANES.

Moi, j'ai pour principe de ne jamais répondre à une lettre tant que je n'en ai pas reçu au moins une deuxième de la même personne sur le même sujet.

•

Ce que j'aimerais qu'on m'explique, c'est quel intérêt a eu Noé à embarquer un couple de moustiques…

– Au début, il n'y avait rien. Dieu est arrivé, Il a dit: «Que la lumière soit!», et la lumière fut.
– Il n'y avait toujours rien, mais au moins on voyait mieux!

•

– J'adore les globes. J'en ai récemment vu un datant de 1507.
– Il était plat ?

– 46 % des femmes ont répondu « oui » à la question « Avez-vous déjà simulé un orgasme ? ».
– Non, elles n'ont pas répondu « oui », elles ont répondu : « Oh, OUI ! Encore ! »

•

– Faites l'amour, pas la guerre !
– Ou faites les deux, mariez-vous !

– Vous connaissez John Babitt, l'Américain dont la femme a tranché le sexe avec des ciseaux ?
– J'aurais préféré avec un sécateur, pour ma part.
– Pourquoi cela ?
– Parce qu'avec des ciseaux, c'est long, faut faire le tour !

●

– L'année dernière, 10 000 jeunes vierges à travers le monde ont souscrit des polices d'assurance contre la possibilité d'une immaculée conception.
– Quand on est aussi conne, il ne faut plus s'étonner qu'on soit encore vierge !

– BOIRE TROP, MANGER EN QUANTITÉ, FUMER, CONDUIRE VITE SONT AUTANT DE FACTEURS QUI PROUVENT QUE VOUS ÊTES SOUS L'EMPIRE DU STRESS.

– QUI PROUVENT SURTOUT QUE VOUS ÊTES EN TRAIN DE PASSER UNE SOIRÉE MÉMORABLE !

Olivier de Kersauson : Un requin peut atteindre 50 kilomètres/heure en vitesse de pointe.

Philippe Castelli : Dites donc, il faut nager très, très vite quand vous en voyez un, alors !

Jean Yanne : Non, il suffit juste de nager plus vite que les mecs qui sont dans l'eau avec toi.

•

Jean Dutourd : Vous savez bien que l'argent ne fait pas le bonheur !

Jacques Martin : Oui, mais ça, c'est juste des phrases toutes faites que l'on entend parfois mais auxquelles personne ne croit.

Jean Yanne : Oui, comme « je t'aime » ou « net d'impôt ».

Olivier de Kersauson : Je me souviens de cette superbe jeune fille, impressionnée par les navigateurs, ses lèvres étaient en feu, son visage fiévreux, elle tremblait dans mes bras...
Jean Yanne : Elle avait la malaria ?

•

– C'est bien l'Angleterre, surtout pour les siamois.
– Les siamois ?
– Oui, le mec de gauche peut enfin conduire.

SIAMOIS

– Le tibia est, après le fémur, le deuxième plus grand os du corps humain.
– Oui, et c'est aussi celui qui nous permet de trouver une table basse dans le noir.

•

– Jean, vous savez reconnaître les champignons vénéneux ?
– Voilà encore une belle idée reçue ! On peut manger tous les champignons ! Tous les champignons sont comestibles, certains ne le sont qu'une fois, c'est tout !

•

– Vous savez gérer votre colère ?
– Oui, quand mes interlocuteurs savent gérer leur connerie.

– La violence ne résout rien.
– C'est que vous ne frappez pas assez fort !

•

– Le mariage, c'est bien, ça permet de partager à deux tous les problèmes.
– Oui. Tous les problèmes qu'on n'aurait jamais eus si on était resté seul.

•

– La beauté intérieure, vous y croyez ?
– Bien sûr que non. C'est juste un truc qu'on a inventé pour que les femmes moches puissent quand même se reproduire.

Jean, vous qui êtes célibataire, vous faites quoi pour la Saint-Valentin ?

– Des économies.

LA FRANCE

Ce qui n'a pas changé entre l'époque de Flaubert et aujourd'hui, c'est que les villes de France ont toujours le même modèle de fonctionnement. Il y a toujours un certain nombre de responsables abrutis, quelques grandes gueules qui la ramènent et quelques pauvres romantiques qui sont victimes de tout ça.

•

Les Français s'amusent de tout dans la mesure où ils croient toujours que cela s'applique aux autres et pas à eux. J'ai presque toujours caricaturé des catégories sociales, des groupes. J'ai rarement fait le Français moyen ou le célibataire ; je prenais plutôt les gens de la radio, du spectacle ou des finances. À chaque fois, les gens rigolaient et disaient : « C'est tout à fait ça, mon voisin est comme ça », mais personne ne se sentait concerné. Tant qu'on ne rentre pas dans leur petite zone, ça va. Par exemple, quand on se moque des Juifs ou des Noirs, les Français sont ravis. Et puis, un jour, on parle d'un cordonnier et celui-ci se met à hurler en disant : « De quel droit faites-vous ça ? Les cordonniers ont donné autant de morts que les autres en 39-45 ! » De toute façon, quoi qu'il arrive et quoi qu'on fasse, quand on se moque d'eux, les Français évoquent la guerre de 39-45 !

Quand je reviens en France après quelques mois passés aux États-Unis, c'est pas la France qui fait une drôle d'impression, c'est les Français, qui sont vraiment tristounets et qui vous préviennent dès l'aéroport que ça va mal. Le porteur commence d'emblée à vous filer le bourdon ; pour un peu, on reprendrait l'avion dans l'autre sens.

•

Jean-Pierre Coffe et moi, on voulait se présenter à la mairie de Paris parce qu'on pensait que c'était mieux d'avoir deux maires qu'un seul, et qu'ainsi on pouvait alterner. Et notre programme était formidable. On voulait d'abord s'en mettre plein les fouilles, puis une fois que c'était fait, on aurait pu s'occuper des gens sincèrement. Ce qui est quand même plus honnête que de commencer par dire qu'on va s'occuper des gens et s'en mettre plein les fouilles. Bon, on n'aurait pas pris beaucoup, beaucoup. On est un peu âgés, on a des goûts modestes. On aurait pris quelques milliards et puis ça aurait été fini. Finalement, ça aurait coûté beaucoup moins cher au contribuable que toutes les conneries inutiles dans lesquelles les fonctionnaires gaspillent le pognon.

Je suis contre le racisme. Les gens devraient se haïr individuellement et non pour des questions de couleur de peau !

•

Le syndicalisme est un pouvoir dangereux, heureusement compensé par le fait que les syndicalistes passent plus de temps à manifester qu'à agir.

La fin de la lutte des classes, c'est arrivé avec l'abbé Pierre, les Restos du cœur et tous ces machins-là. On a commencé à mettre les pauvres au chaud, à les habiller, à les nourrir – en fait, c'est pas eux que la société voulait mettre à l'abri, c'est elle-même. Elle voulait s'abriter de leur révolte légitime et dangereuse.

Il faut bien voir que nous sommes aujourd'hui dans une société où la grande majorité des individus, en particulier les plus doués, consacre la majeure partie de leurs journées à inciter leur prochain à consommer. Après, on a beau dire ce qu'on veut sur le désintéressement et la charité... il y a toujours quelque chose à vendre derrière. S'il n'y avait rien à vendre, tout le monde resterait au lit le matin.

•

La seule blague au téléphone que j'ai faite et dont je suis assez fier, c'est quand M. Couve de Murville était ministre des Affaires étrangères. J'ai téléphoné aux Affaires étrangères en disant : « Allô, voilà, je ne voudrais pas déranger M. Couve de Murville, mais est-ce que vous pouvez lui passer un message ? Et qui êtes-vous, d'abord ? » Alors le type me répondait : « Je suis le chef de cabinet. » Je reprenais en insistant : « Voilà, c'est un message un peu particulier, est-ce que je peux vous faire confiance ? Comprenez, je suis un peu gêné... » Lui me disait : « Je vous assure qu'on donnera le message. » Je précisais alors : « Eh bien voilà, écoutez, M. Couve de Murville nous a quittés il y a quelque temps, dans l'endroit où nous étions, et voulez-vous lui faire dire qu'on a retrouvé son peigne. » Alors le type un peu surpris bredouillait quelques mots auxquels je répondais : « Bon, écoutez, il était très inquiet, il avait perdu son peigne, on a tous cherché et finalement on l'a retrouvé. On le tient à sa disposition, là où il sait. Il n'a qu'à revenir

ou alors, si je peux vraiment vous faire confiance, pouvez-vous envoyer quelqu'un pour le chercher ? »
Le type disait alors : « Mais un peigne comment ? »
Je répondais : « Mais c'est pas le problème du peigne, le problème, c'est les circonstances dans lesquelles il a perdu son peigne... »
On tenait ainsi le mec pendant dix minutes et on raccrochait. Alors évidemment, le mec était très inquiet en se disant : « Ça va être une merde terrible », parce que la seule question était : « Mais où est-ce qu'il a pu perdre son peigne ? »

●

– Vous avez quelques obsessions familières qu'on retrouve dans presque tous vos films, généralement un curé dans une position où on ne l'attendrait pas et un CRS.
– Oui, cela étant dit, je tiens à préciser que dans mon dernier film qui est une superproduction, le curé est un évêque et les CRS sont une compagnie. Mais pour les CRS, c'est vrai. Dans la rue, quand on circule aujourd'hui, que voit-on ? Avant, on voyait des petits métiers de la rue, on voyait des marchandes de quatre-saisons, des gens qui vendaient des chansons, qui jouaient de l'accordéon, des vitriers, des rémouleurs. Maintenant, on voit des CRS partout. Comment voulez-vous faire un film sans montrer des CRS ? Et puis avez-vous déjà vu un étudiant lancer un pavé sur un rémouleur ? Donc cinématographiquement, c'est plus intéressant de faire un film avec un CRS.

Rien ne peut modifier ma vision des contractuelles. J'ai définitivement cessé tout rapport humain avec ces bêtes-là. Il y en a sûrement quelques-unes qui sont là provisoirement et qui un jour trouveront un vrai métier. Mais les autres, celles qui sont vraiment douées pour rien foutre, j'ai peur qu'elles soient là pour toujours !

•

LE FÉMINISME, C'EST TRÈS BIEN. TANT QUE LA VOITURE DÉMARRE.

Je crois que les hommes ont un grand tort, c'est de ne pas s'occuper de la condition féminine. Mais attention, il ne faut pas s'occuper de la condition féminine en général, mais de celle de la femme avec qui vous vivez. On doit la cajoler, la traiter avec gentillesse. Et si tous les bonshommes s'occupaient très bien des dames avec qui ils vivent, le problème serait réglé ! Mais qu'on ne nous demande pas de nous occuper de LA condition des femmes en général ! Moi, par exemple, si Jacques Martin se casse un bras, ça me fait de la peine parce que c'est mon copain, mais si la population entière de la Suède se casse un bras, je m'en fous totalement, je ne les connais pas. Donc occupons-nous de nos femmes et pour les femmes qui vivent loin, laissons d'autres types s'en occuper !

LA DÉFINITION DE L'ANTICONFORMISME, C'EST SOUVENT D'ÊTRE CONTENT DE FAIRE PLAISIR À LA MINORITÉ.

●

Philippe Bouvard : Nous parlons aujourd'hui des impôts. Avez-vous des biens professionnels, êtes-vous propriétaire de votre entreprise ?

Jean Yanne : Je vais vous libérer tout de suite d'un souci qui m'évitera de répondre à votre question. Ce sont les fonctionnaires du fisc qui la remplissent directement, ma feuille, parce que comme ils m'ont tout piqué, c'est à eux maintenant ! Ils peuvent remplir puisqu'ils ont tout saisi, ils n'ont qu'à cocher...

Philippe Bouvard : Est-ce à dire que vous êtes associé avec l'État ?

Jean Yanne : Eh bien, l'État, c'est moi !

Dans le train, c'est le bonheur ! Voilà un endroit où on mange bien ! Les sandwichs dans le plastique, avec le café capsulé !... C'est d'autant meilleur que ça coûte pas cher du tout, hein ! C'est 11 000 francs le sandwich et 56 000 francs le café ! Un jour, j'ai dit au mec : « Ce sandwich, il est pas très bon », il m'a dit : « Écoutez, monsieur, c'est les mêmes qu'on sert depuis cinq jours, tout le monde est content, personne ne s'est jamais plaint ! Ils ont fait la Belgique, ils sont redescendus dans le Midi, il y a eu un embranchement, ils ont changé à Toulouse, ils sont allés pour les Jeux d'hiver de Chamonix et maintenant ils sont là, sur Paris-Château-Thierry... »

– La surenchère des chaînes de télévision qui avancent de plus en plus leur journal de 20 heures vous inquiète-t-elle ?

– Oui. Si on avance le journal d'un quart d'heure tous les soirs, on va bientôt connaître les nouvelles de la veille...

Il y a un truc formidable en France. Quand je tourne un film qui déplaît aux pouvoirs publics, ceux-ci essaient de me mettre des bâtons dans les roues. Ce qui ne me fait pas vraiment peur, car, comme il s'agit des pouvoirs publics, ils sont tellement lents, lourds et incapables de prendre une vraie décision qu'en général ça ne va pas bien loin. Ce qui peut exister, ce sont des petits trucs maladroits, minables. Par exemple, si je demande à tourner sur un perron qui ressemble au perron de l'Élysée, le perron en question appartenant aux Affaires culturelles, les Affaires étrangères téléphonent en disant : « Ne lui donnez pas le perron ! » Ce qui est très con, car tout est possible au cinéma, avec les décors. On demande pour des raisons d'économies ou de rapidité l'autorisation de tourner dans un certain nombre de lieux publics et si on nous refuse cette autorisation, certes cela va nous coûter un peu plus cher, mais on demandera à des staffeurs, ces messieurs très habiles, de reconstituer le perron de l'Élysée, et, à ce moment-là, on va mettre le président de la République en caleçon, jouant de la cornemuse, ce que l'on n'avait pas envisagé de faire dans la séquence qu'on aurait tournée si on nous avait donné l'autorisation. Quoique, là encore, ça peut être compliqué. Dans cet exemple très précis, j'avais téléphoné aux Bretons de Paris pour leur demander s'ils pouvaient venir avec leurs cornemuses. Ils m'ont répondu que j'allais me moquer des Bretons et ils ont trouvé tous les moyens pour ne pas me donner des Bretons qui jouent du biniou. Alors, qu'est-ce que j'ai fait ? J'ai pris des Arabes auxquels j'ai mis des coiffes et à qui j'ai demandé d'enfiler des binious comme des shorts ! Alors évidemment, il aurait mieux valu que les Bretons me donnent leurs binious !

L'argent ne fait pas le bonheur? Laissez-moi rire. C'est comme tous les proverbes, ça, c'est des trucs qu'on laisse croire aux pauvres pour éviter les émeutes.

•

Vous n'ignorez pas qu'il y a trois semaines a eu lieu en France le recensement de la population. Tous les fascicules que vous avez remplis se trouvent maintenant dans des machines électroniques, celles qui servent d'habitude au palmarès, mais les résultats ne seront pas connus immédiatement puisque, après être sorties des machines électroniques, il faut encore que les statistiques de recensement soient vérifiées par M. Maurice Pintard, chef comptable au ministère de la Population. Pourtant, nous sommes en mesure de vous communiquer les premières listes du recensement de la population française et vous allez voir qu'il y a quand même un certain nombre de choses qui risquent de surprendre. Voici donc la toute première liste qui va vous donner des précisions sur les gens qui vivent dans notre pays:

Agriculteurs élevant des moutons: **17 424**
Agriculteurs élevant des chèvres: **4 956**
Agriculteurs élevant des protestations: **1 645 709**
Haltérophiles: **136**
Alter ego: **5 918**
Égocentriques: **2 729 603**
Colombophiles d'origine slave: **19** (c'est pas beaucoup)
Pistonnés: **4 754 329** (on ne sait pas exactement dans quoi ils sont pistonnés, mais il y en a quand même plus de 4 millions)
Alcooliques: **754 918**
Alcooliques néphrétiques: **122**
Petites filles qui montent à la messe: **954 803**
Loueurs de coussins: **548** (ça fait **3 954** petites filles par loueur de coussins)
Fabricants de couches-culottes: **928**
Petits Chanteurs à la croix de bois: **84**
Chanteurs à la noix: **17 000**
Compagnons de la chanson: **9** (ils ne sont pas compris dans les autres...)

Chanteurs yé-yé: **0** (y en a plus et c'est pas dommage)
Sacristains: **456953**
Nonces apostoliques: **2** (ah bon? il doit y avoir une erreur...)
Interdits de séjour, malades mentaux et critiques de télévision: **96454** (on n'a pas le détail)
Belles de nuit: **756924**
Charcutiers: **117915** (à signaler qu'il y a beaucoup plus de belles de nuit que de charcutiers, mais il faut dire qu'un charcutier s'occupe dans une journée de beaucoup plus de monde qu'une belle de nuit)
Tourneurs sur métaux: **1748629**
Derviches tourneurs: **3**
Directeurs de la Cinémathèque: **2** (ça fait un de trop)
Directeurs de l'ORTF: **146934**
et, dernière catégorie sociale:
Gens qui se foutent du monde: **26**. Vous voyez que je ne suis pas le seul!

On peut dire qu'aux élections présidentielles il y a un gagnant et un perdant. Je crois même que le plus perdant est celui qui est élu. D'abord, parce que, je ne sais pas si vous connaissez l'immeuble, rue du Faubourg-Saint-Honoré, c'est assez tarte ! Je sais que depuis un certain temps il y a eu quelques modifications architecturales : destruction de la marquise, remplacement des lampes... mais enfin, vivre là-dedans, c'est pas gai, gai... Il y a un jardin d'un côté, mais il y a beaucoup de vis-à-vis de l'autre côté.
En plus, la vie d'un président de la République, c'est pas très marrant. Il faut se lever à 7 heures, se coucher à 1 heure du matin, il y a des déjeuners empoisonnants, et pour le muguet, le 1er mai, au lieu d'aller gambader dans la forêt, on est obligé de recevoir des forts des halles, par exemple...
Et puis il y a le costume qui est particulièrement ridicule ! Et aussi la photographie qu'on est obligé de faire pour afficher dans les mairies. Personnellement, je n'ai jamais eu aucune envie de me présenter. En plus, l'Élysée, c'est loin de chez moi et c'est vraiment pas pratique d'y arriver.

Les écolos me font marrer. Moi, je suis un fan de la pollution. Ça fait des années que je bois, que je fume et que j'embrasse des femmes malades. J'ai même failli faire un parti pro-pollution. J'aurais présenté un programme pour le béton, la suppression des espaces verts, pour la transformation des piscines et des stades en parkings… Je m'en serais pris au monde paysan qui commet un certain nombre d'exactions depuis des tas d'années en plantant du blé là où on pourrait mettre les voitures !

•

D'une façon générale, tout ce qui est sur Air France est raté : les toilettes sont mal nettoyées, les hôtesses de l'air sont des grands-mères volantes et les plateaux-repas sont imbouffables. Il y avait, dans le temps, avec les hôtesses d'Air France, une espèce d'habitude de joute, sur les lignes brésiliennes notamment. Maintenant avec le Brésil y faut se méfier parce qu'on se demande si c'est pas le steward qui est déguisé !

CE QUI EST BIEN AVEC LA SNCF, C'EST QUE C'EST DEVENU UN TEL BORDEL, ENTRE LES RETARDS ET LES TRAINS ANNULÉS, QUE BIENTÔT ON NE S'APERCEVRA MÊME PLUS QU'ILS SONT EN GRÈVE.

•

Vous prenez souvent le TGV ?
Dès que je peux. C'est une superbe invention. Ça permet d'arriver plus vite en retard… fallait y penser.

Si vous voulez être pris à votre entretien d'embauche à la SNCF, le moyen le plus sûr, c'est d'arriver en retard.

•

En 1989 :
J'ai reçu une carte de vœux de la SNCF !

La SNCF vous souhaite une bonne année 1987 et vous prie de l'excuser pour ce retard.

Parmi les grands commis de l'État, il y en a un dont on connaît le nom, c'est un certain inspecteur général Macon. Je ne sais pas si un inspecteur général est plus inspecteur que général. Qu'est-ce qu'il inspecte ? C'est dans l'armée, inspecteur général ? Bref, en février 1964, l'inspecteur général Macon demanda que soient constitués trente jours de stock alimentaire pour nourrir la population française en cas de guerre atomique. Or, il n'existe aucun abri atomique en France, sauf un. Il est prévu pour la présidence, les ministres, les généraux, et leurs familles. Donc pour tout ce petit monde ça va et pour les autres, c'est pas la peine de stocker de la bouffe pour pas mourir de faim parce qu'ils sont déjà mourus d'autre chose... L'inspecteur général Macon, il devrait écrire son nom au masculin !

Pensées
et
répliques
2

J'ai remarqué que si l'on veut aller très vite et se déplacer facilement en ville, il faut être à la tête d'une délégation d'anciens combattants. Je n'ai jamais vu personne refuser le passage à des gens qui ont des jambes de bois et des bras coupés.

•

Los Angeles, c'est 16 fois Paris, donc il y a 16 fois plus de folie, 16 fois plus de raison, 16 fois plus de choses plus anormales et 16 fois plus de choses plus normales qu'à Paris ; et déjà à Paris il s'en passe ! J'avoue, par exemple, que c'est pas une ville pour le Père de Foucauld, Los Angeles, c'est pas un endroit qui aurait ravi saint François d'Assise, c'est pas vraiment fait non plus pour Jésus...

Il faut détruire les *Contes* de Perrault ! On dit que les gosses aiment Perrault, mais c'est parce qu'on les leur raconte quand ils ont 7 ou 8 ans. La vérité, c'est qu'ils sont particulièrement imbéciles ou en tout cas immoraux. Par exemple, le père qui ne peut pas nourrir ses enfants et qui va les jeter dans la forêt serait aujourd'hui condamné devant le tribunal. Et le Petit Poucet, lui, est un imbécile fini, car finalement, le problème de cette famille est qu'ils n'ont rien à bouffer, et le Petit Poucet, la deuxième fois qu'il va dans la forêt, il émiette son pain, au lieu de le manger !

●

La reine d'Angleterre porte toujours des trucs qui ont à peu près dix ans de retard, donc tous les gens qui ne veulent plus se servir de leurs fringues peuvent les envoyer là-bas, il n'y a que là que ça peut servir, si même les clodos n'en veulent pas !

<u>ÉCOLOGIE :</u>

SI PONCE PILATE
AVAIT FAIT CRUCIFIER
JÉSUS-CHRIST
À QUARANTE
CENTIMÈTRES
DU SOL, IL AURAIT
ÉCONOMISÉ DU BOIS.

Ça me fait marrer, moi, les psychopathes qui disent qu'ils entendent des voix. Pourquoi les voix en question leur enjoignent-elles d'aller massacrer une mère et son enfant plutôt que d'aller voir mon dernier film ?

•

– La tour de Pise se redresse ! Quatre millimètres déjà, et ça ne cesse de se redresser.
– Pour une tour, c'est pas beaucoup, 4 millimètres. Je vais vous dire ce que j'en pense, moi : la tour, elle aurait été à l'horizontale, ça aurait été plus facile pour visiter. Plutôt que se faire chier à monter les marches. Parce que moi, j'y suis allé à Pise. Il fallait se le farcir, l'escalier !

– Comme
on dit dans
la Bible,
Dieu est mort
pour racheter
nos péchés.
– Ce qui
signifie qu'il
faut pécher,
sinon
il est mort
pour rien !

S'il faut faire attention à une chose en Amérique, c'est au décalage horaire. C'est très, très surprenant. Pendant les premiers jours, on est désorienté; la vie n'est pas la même, la littérature est bouleversée, les Américains ne pensent pas comme nous à cause de ce décalage horaire. Je cite par exemple cette œuvre impérissable de Gilbert Cesbron, *Il est minuit, docteur Schweitzer*, eh bien, en Californie, ça s'appelle *Il est 7h22, docteur Schweitzer*. Parce qu'il y a sept heures vingt-deux minutes de décalage... Cela est tout à fait sérieux ! J'ai des copains qui sont allés là-bas à Noël. Ils sont allés à la messe de minuit mais, en réalité, il y avait huit heures quarante-sept de décalage horaire, c'était la messe de 8h47. Et le lendemain, ils ont voulu prendre le train de 8h47 et il était midi... alors ils l'ont raté. Il faut faire attention à tout ça, même en ce qui concerne les proverbes... Tu ne dis pas: « Chercher midi à sa porte », mais « Chercher 7h46 à sa porte »; on ne peut pas dire: «Tel qui rit vendredi, dimanche pleurera», il faut dire: «Tel qui rit jeudi soir pleurera samedi matin.» Faut être vigilant...

Philippe Bouvard : C'est vrai que c'est un pays inégalitaire, l'Amérique ?

Jean Yanne : Ben, je ne sais pas. Je ne vais pas dans les endroits où ça risque d'être pas beau, moi.

Olivier de Kersauson : T'as fait Beverly Hills ?

Jean Yanne : Moi, je peux vous dire, franchement, c'est vrai, à Beverly Hills, j'ai jamais vu de trace d'inégalité. Tous les types ont à peu près la même maison. Bon, y a des types qui ont des maisons de 40 pièces, d'autres qu'en ont que de 28. Mais tous les goûts sont dans la nature, hein ! Si vous préférez une Bentley à une Rolls, c'est pas une véritable inégalité.

Philippe Bouvard: Quelle est la supériorité sur laquelle le Coran et la Bible sont d'accord ?

Olivier de Kersauson: Celle de l'homme sur la femme.

Philippe Bouvard: Vous partagez cet avis, monsieur Yanne ?

Jean Yanne: Non. Je trouve que pour faire la vaisselle la femme est meilleure !

•

Jean Yanne : Cher Léon Zitrone, quand on vous regarde, on se demande bien pourquoi c'est ce spermatozoïde-là qui a gagné la course !

– SI LES FEMMES
DIRIGEAIENT
LE MONDE,
IL N'Y AURAIT
PLUS DE GUERRE !

– NON, JUSTE
DES PAYS QUI
SE FERAIENT
LA GUEULE.

Philippe Bouvard: L'arrêt cardiaque pourrait être héréditaire chez les hommes. Donc la mort peut être héréditaire.

Jean Yanne: Donc si un père est mort, le fils peut mourir aussi. Ça, c'est pas con. Ça, c'est quand même une trouvaille, je veux dire... Le mec arrive: «Je me sens mal. – Attendez, qu'est-ce que vous avez? – Je sais pas, j'ai l'impression que je vais mourir. – Est-ce que votre père est mort? – Oui. – Ben, c'est ça.»

– Jean, vous connaissez la fameuse question « Qu'emporteriez-vous sur une île déserte ? ».
– Oui, et je me suis toujours demandé pourquoi personne ne répondait jamais : « Un bateau. » C'est pas plus bête que les œuvres complètes de Bach, quand on y réfléchit un peu...

●

– C'est encore un ordinateur qui vient de remporter, en Floride, un fameux tournoi d'échecs.
– Ça, ça va encore. Le jour où il faudra vraiment s'inquiéter, c'est quand ils nous battront à la boxe.

– Jean, vous êtes familier du ramadan.
– Oui, bien sûr.
– Cette coutume religieuse, qui demande aux musulmans de jeûner du lever au coucher du soleil.
– Et qui explique pourquoi on trouve très peu de musulmans au nord de la Norvège...

– 58 % des Français mettent un disque quand ils font l'amour.
– Oui, moi aussi, mais seulement des concerts. À cause des applaudissements.

•

– Les élèves des Beaux-Arts ont beaucoup d'imagination.
– Ben oui, il leur en faut beaucoup pour croire qu'ils vont trouver du boulot en sortant de l'école.

– Il paraît que Sacha Guitry faisait une croix à chaque fois qu'il trompait sa femme et qu'au bout de dix, il lui faisait un énorme cadeau...

– C'est le principe de la carte de fidélité, non ?

COPAIN

– À l'origine, « copain » signifie « partager son pain ».
– Et donc on sait maintenant ce qu'est une copine...

– La façon dont une fille croise ses jambes peut en dire beaucoup sur ses sentiments à l'égard de son interlocuteur...
– Oui. Par exemple, si elle croise les jambes sur vos épaules, en général c'est qu'elle vous apprécie.

•

– L'ALCOOL RESTE LA PREMIÈRE CAUSE DE MORTALITÉ.
– OUI, DE NATALITÉ, AUSSI.

•

– Avouez que c'est quand même difficile pour une femme de rendre un homme heureux...
– Qu'elles s'y mettent à plusieurs alors !

– Jean, vous semblez perdu dans la contemplation muette d'Alice Sapritch...
– Oui. J'étais en train de me dire que si Darwin la voyait, il fondrait en larmes...

SUR LUI-MÊME

J'ai appelé mon dernier livre *Je suis un être exquis* parce que, finalement, c'est ce qui ressort le plus de toutes les opinions émises à mon sujet depuis très longtemps et par tout le monde. J'écoute, j'ai les oreilles qui traînent et les gens disent : « Quel être exquis ! » Il y a quelques années, je le reconnais, on disait de moi : « Quelle affaire !! » Bon, ça s'est un peu calmé, donc maintenant je suis moins une affaire et je suis de plus en plus exquis.

•

Ce n'est pas que j'aime pas les gens, mais que voulez-vous, j'ai toujours préféré dire au revoir que bonjour !

Quand le téléphone sonne, je prie pour que ce soit une erreur.

•

– Vous souriez rarement.
– Oui. Et pour tout vous dire, moi je me méfie des mecs qui sourient tout le temps. En général, c'est qu'ils ont un truc à vous vendre qui ne marche pas.

J'adore être seul. Et, pour tout vous avouer, je me préoccupe terriblement de mon bien-être, de mon confort. Et comme je suis dans un métier où on est très souvent sollicité, la première chose que je fais le matin, en me levant, c'est un examen. Pas un examen médical ni un examen de conscience, mais un examen du jour qui vient. Je prends mon agenda et je me dis : « Attends, mon p'tit kiki, faut pas que ça te fatigue trop quand même. Qu'est-ce que t'as à faire aujourd'hui ? Ben, j'ai ça. Bon ben, on va annuler ! » J'adore annuler. C'est vraiment un plaisir pour moi, une promesse de bien-être. À une époque, j'avais engagé une assistante qui était juste chargée de répondre au téléphone. Si on m'appelait pour déjeuner, elle devait dire : « Ah non, désolée, il a déjà un déjeuner. » Si on m'appelait pour un rendez-vous, elle devait répondre : « Ah non, désolée, il a une réunion. » Ce qui marche parfaitement ici, en France. Les Français bossent tellement peu qu'ils se disent : « Eh bien, bravo, il y en a au moins un qui bosse ! » Pour résumer, je n'ai jamais été un mec très occupé, mais c'est en faisant croire l'inverse que j'ai survécu.

Je n'aime pas sortir. Et pourquoi sortir de toute façon, je ne vois pas l'intérêt de rencontrer des gens. Ou ils ont les mêmes opinions que moi et je n'apprends rien, ou ils pensent différemment et ce sont des imbéciles.

•

JE NE SUIS PAS ANTISOCIAL, JE SUIS ANTICONS !

– Quel est pour vous le pire malheur qui puisse arriver sur terre ?
– Se lever le matin et s'apercevoir qu'on n'a plus de café.

•

Ce que les gens me reprochent et qui est détestable en moi, c'est que je la ramène sans arrêt. En plus, j'adore être grossier, c'est un des trucs qui me fait le plus rire au monde. J'adore les gros mots, les plaisanteries les plus minables, les calembours, les jeux de mots... Ce qui irrite les gens, c'est quand je dis, par exemple : « Comment vas-tu, yau de poêle ? comme disait Nietzsche », ou : « Mon ami Kierkegaard me disait l'autre jour : "Retire ta main que j'pète." » C'est le mélange des genres qui choque et qui déplaît.

Je crois que la mauvaise éducation, c'est pas un truc qu'on peut improviser, ça se travaille. Moi, ça fait des années que je répète ! Et finalement, c'est la réputation qui fait qu'après on est tranquille ; quoi qu'on fasse, les gens tremblent quand on arrive. Moi, par exemple, je prends toujours mon petit déjeuner en trempant mes couverts à poisson dans le café.

●

Quelqu'un qui a le sens de l'humour, c'est quelqu'un qui rit à mes plaisanteries.

Je suis, je crois, un vrai moraliste. Parce qu'est-ce qu'un vrai moraliste ? Un moraliste, ce n'est pas un monsieur qui fait de la morale, le vrai sens du mot a été usurpé. Un moraliste, c'est un monsieur qui rend compte des choses qui se passent autour de lui. Et finalement, quand je fais une intervention, que ce soit à la radio ou à la télévision, je rends compte. Je dis aux gens ce qui s'est passé hier, voilà ce que vous n'avez pas su voir, voilà ce qu'il faut voir, donc je fais œuvre de moraliste comme faisait La Fontaine quand il mettait en évidence des situations humaines, seulement lui était obligé à l'époque de les transposer sur le plan animal, mais moi, de nos jours, je peux dire exactement ce que je vois. Cela dit, un moraliste n'est pas du tout un monsieur qui a une vie morale. Jean de La Fontaine faisait de la morale toute la journée et était un des personnages les plus dissolus de son siècle, et moi je fais de la morale à longueur de journée, mais moralement, je suis une véritable crapule...

MORALISTE

Mon service militaire a été la période la plus honteuse de ma vie ! J'y ai quand même appris quelque chose. J'ai appris à me cacher, à me dissimuler, à être faux cul, à mentir... C'est une bonne arme pour le retour à la vie civile.

•

– Quel est le défaut que vous détestez le plus ?

– Les faux culs. Ce qui, d'ailleurs, n'est plus vraiment un défaut mais plutôt une qualité de nos jours puisqu'il faut être faux cul pour réussir.

– JE SUIS
PRO-NUCLÉAIRE
À 100 %.

– QU'EST-CE
QUI MOTIVE
CETTE POSITION ?

– MON AMOUR
DE L'HUMANITÉ.

– Quel est le personnage que vous admirez le plus ?
– Évidemment Julio Iglesias, qui est beau, riche et qui traverse la vie avec une inconscience absolue.

Quand je vois l'état du monde, ma première impulsion, c'est de m'affaler par terre et de déprimer. Mais bon, le problème, c'est que par terre, il n'y a pas grand-chose à faire, une fois qu'on a fondu en larmes, on se fait vite chier, alors au bout d'un moment on se relève, et il faut bien continuer. Heureusement, il nous reste l'alcool.

•

– **Quel effet l'alcool a sur vous, Jean ?**
– Sur moi ? Absolument aucun. Ce sont les autres qui se mettent à être drôles quand je bois.

– Vous vous levez à quelle heure ?
– En général, quand l'envie d'uriner devient insupportable.

●

Si j'avais une baguette magique, ce que je changerais en moi, c'est mon ventre. J'aurais des abdominaux comme des plaques de chocolat ! Je rêve de me balader sur les plages et que les gonzesses se précipitent sur moi pour avoir mal.

Quand on est poilu et barbu, on peut être gros et habillé avec des choses rigolotes. Prenez Carlos, qui est éminemment sympathique, il est gros, il a la barbe, il peut mettre des tee-shirts de couleur, des chemises hawaïennes... Bon ben, vous voyez pas Jospin comme ça !

•

Ce qui m'énerve, c'est quand les gens me tutoient dans la rue et me tapent dans le dos en disant : « Alors, Jeannot, ça va ? » ; ça, j'aime pas. Mais ça dépend encore qui le fait. Quand je vois une fille longiligne, les jambes gainées de nylon fluide, qui s'approche de moi et me susurre dans un souffle : « Jeannot », alors là...

LES FEMMES ONT UNE FÂCHEUSE TENDANCE À PARLER ALORS QU'ON NE LEUR DEMANDE RIEN. MOI, SI ON ME DEMANDE RIEN, JE LA BOUCLE.

•

– Votre qualité préférée chez la femme ?
– Le silence.

– Votre qualité préférée chez l'homme ?
– Les gros seins.

Sentimentalement, je m'exprime sans débauche gestuelle, dans un contexte de sentiments excluant toute hypocrisie néobourgeoise, mais ma taciturnité apparente contient en réalité une affectivité structurée à partir d'un cynisme formel, qui transcende des élans passionnels garantissant l'autodétermination de la femme en tant qu'entité physique intellectuelle, et plus simplement je baise le samedi soir.

•

– En amour, je suis d'un classicisme extrême.

– Ça veut dire quoi ?

– Que je ne vais pas jusqu'au lumbago.

– **Quelle est votre position favorite ?**
– Dos à dos.

•

Je trouve ça très bien d'être payé maintenant pour donner son sperme. La charité, ça va un temps !

•

Je suis allé une fois dans un club échangiste avec deux ou trois copains dont Jean-Pierre Rassam. On est allés au bar, j'ai commandé un petit whisky et j'ai regardé. Un type est arrivé et m'a dit : « Écoutez, monsieur Yanne, on est désolés, on vous offre votre whisky, mais est-ce que vous pouvez vous en aller parce que vous gênez les gens par votre sourire. » Il est vrai que j'étais hilare. Je voyais des dames pendues dans tous les coins avec des messieurs qui leur bouchaient tous les trous et je me marrais comme une baleine.

J'étais un jour dans un café, un établissement de boissons, n'est-ce pas – j'étais très jeune –, de la rue de Palestro, que nous fréquentions le soir pour boire des coups. Et il y avait une dame qui était là, une vieille prostituée – je vais essayer de ne pas être vulgaire, mais ça va pas être facile. Il y a cette vieille tapineuse qui était au comptoir, et rentre une fille qui dit : « Oh là, là, dis donc, quelle vie ! J'en ai marre. » L'autre lui dit : « Mais qu'est-ce qu'il y a ?

– J'en ai marre. Finalement, maintenant, j'en ai marre. Si j'avais fait autant de kilomètres que j'ai pris de centimètres...

– Tu vas pas te décourager, lui dit la vieille. Y a combien de temps que tu fais ça ?

– Ça fait à peu près quarante ans. »

Et la fille sort un papier et elle compte : « Quarante ans... Combien tu en faisais par jour ? Dix... Quarante par dix... Qui faisaient combien, une moyenne de 15 centimètres ?... Bon, t'as pas de pot, t'es même pas à Fontainebleau ! »

– Vous aimez les films romantiques, Jean ?

– Non, et je vais vous dire pourquoi : cela crée des fausses attentes chez les femmes qui les regardent. C'est le même problème que pour les hommes qui regardent du porno.

•

Moi, j'aime le porno. Ce ne sont finalement que de belles histoires romantiques dont on a enlevé les passages les plus ennuyeux !

– Vous en faites, vous, Jean, des dîners aux chandelles ?

– Et comment ! Quand je reçois une dame, je préfère éteindre les lumières et allumer une bougie que de nettoyer tout l'appartement !

L'essentiel, dans le couple, c'est le contrat. L'accord, le contrat, qui n'est pas seulement celui du mariage mais celui sur les choses qui intéressent ou non l'un et l'autre, doit se faire au moment de la formation du couple. C'est-à-dire que moi, par exemple, c'est pas la peine d'envisager une seconde de me faire faire la bouffe, j'aime pas ça ! Je déteste faire à manger et ça ne me dérange pas qu'on mange mal chez moi. Si je dois faire à manger, je préfère aller au restaurant ; ça, c'est une chose bien précise sur laquelle on prend un accord avec la dame. On se dit : « Est-ce que tu donneras le linge à laver ou est-ce que tu voudras le laver toi-même ? Tu le donnes à laver ? Bon, d'accord. Est-ce que tu changeras les prises ? Non, c'est moi ? Bon, alors je t'échange une prise contre une chaussette... » Ça s'appelle vivre en commun avec quelqu'un. C'est pareil entre hommes. Que se passe-t-il dans toutes les collectivités où il y a des hommes ? Vous croyez que les gens ne font pas la tambouille et qu'il n'y en a pas un qui fait les lits ? Vous croyez qu'on ne s'organise pas en camping pour qu'il y en ait un qui aille chercher les patates, un autre qui les épluche, un troisième qui les fait cuire et le dernier qui les bouffe ?

Il ne faut jamais se marier pour l'argent. Divorcer, oui, mais pas se marier !

•

C'est tellement peu la vie sexuelle par rapport aux nourritures terrestres. Aucune femme, aussi belle soit-elle, ne vaut un beau gigot-flageolets !

– Que pensez-vous des coups de fil obscènes ?

– Mais tous les coups de fil sont obscènes. J'ai horreur de ça. En général, quand leur téléphone ne sonne pas, les gens savent que c'est moi.

Franchement, je me fais parfaitement à une vie solitaire. Et je vois mal à quoi une femme pourrait me servir sinon à retrouver mes chaussettes. Et puis j'ai remarqué, quand j'en avais une chez moi, qu'elles ont une fâcheuse tendance à ne jamais remonter la lunette des toilettes.

●

Parmi
tous les péchés,
j'aime assez l'avarice, car
c'est le seul péché qu'on peut
avoir même quand on est pauvre.

AVARICE

JE VIS COMME UN OURS AVEC DES MEUBLES.

•

J'ai du mal à ne pas dépenser. Même pauvre, il faudrait que j'aie de l'argent.

•

– Vous placez votre argent, vous, Jean ?
– Oui. Dans la seule valeur qui soit sans cesse en hausse.
– Et qui est ?
– L'impôt.

– Vous savez bien que l'argent ne fait pas le bonheur !
– Non, mais il rend la misère plus supportable !

•

J'ai des plaisirs simples dans la vie. Par exemple, plutôt que d'aller voir n'importe quel musée prestigieux, j'éprouve un vrai bonheur en allant au Vatican voir la galerie des cadeaux faits au Saint-Père par les chefs d'État. La vitrine des États-Unis est un incontournable. Il y a des espèces d'oiseaux en céramique, des vaches en porcelaine, c'est d'une laideur ! Reagan avait offert un machin merdique, une sorte d'arbre avec des petits oiseaux. En voyant ça, je sanglotais de bonheur !

Je ne connais rien aux ordinateurs. Je ne sais même pas où on change l'huile.

•

On se rend compte que l'on vieillit à plusieurs choses. Par exemple, après manger, maintenant la première chose qui me vient à l'esprit, c'est de savoir où je vais bien pouvoir m'allonger. Ou quand je dois faire mes lacets, je commence par me demander si je ne pourrais pas profiter d'être accroupi pour faire autre chose en même temps.

À mon âge, ça ne sert
à rien d'espérer rester
en bonne santé.
La seule chose
que l'on peut espérer,
c'est de tomber
sur une maladie avec
laquelle on ne vit pas
trop mal.

J'suis allé dans les catacombes, j'y suis allé plusieurs fois, quand j'étais écolier. J'avais volé, je peux le dire maintenant, y a prescription, une tête de mort – que j'avais d'ailleurs mise dans le pot-au-feu, ce qui n'était pas malin... C'était d'un goût discutable. J'étais invité à manger dans la famille d'un petit camarade, et on avait trouvé très rigolo de fourrer la tête de mort dans la casserole, pour que la dame, avec sa louche, sorte la tête... Je ne le ferais plus, mais... ça donne un regard aux yeux du bouillon.

•

– Quel est votre personnage favori dans la Bible ?

– Charlton Heston.

•

J'ai essayé le bouddhisme, mais on est trop mal assis.

À MON ÂGE, LES FLEURS ME FONT PEUR !

Pensées
et
répliques
3

– Connaissez-vous l'origine de l'expression « **Les femmes et les enfants d'abord !** » ?
– Oui, c'est au tout début de l'industrie navale. Il fallait bien tester la fiabilité des bateaux !

•

– Les femmes veulent être comprises, rassurées, cajolées, désirées, respectées.
– Et nous, on veut juste la paix.

Moi,
j'ai des journées
de vedette de cinéma tout
à fait normales. Le matin, lever
à 7 heures, bain de mousse dans ma
salle de bains hollywoodienne jusqu'à
8 heures et demie, 9 heures. Ensuite, on
change la mousse pour les photographes, bain
de mousse rose pour les couvertures de magazines,
mousse bleue pour les pages intérieures. On passe
alors aux essais de lunettes noires, pour pouvoir
sortir dans la rue sans être reconnu, avec pardessus
couleur de muraille. L'après-midi, je m'adonne à l'en-
traînement pour bien descendre les passerelles d'avion :
« Bonjour, bonjour, Paris, etc. » Après, ce sont les cours de
langue. Toutes les langues, d'abord pour pouvoir revenir
en disant : « Oh, je parle presque pu la français dépuis
que je suis in Hollywood ! » Ensuite, shopping pour
acheter des meubles modernes parce qu'il n'est plus
possible d'être une star sans être entouré de meubles
modernes. Et évidemment, le soir, vie fascinante des
stars ! Alcool, gonzesses évanescentes, réunions,
haschisch, bottes, fouet, etc. Bon, je vous avoue
quand même que je déteste tout ça. Mais
qu'est-ce que vous voulez, on est obli-
gés, complètement obligés. Les gens
veulent voir ça dans le journal,
ils veulent lire ça !! On se
force, quoi.

– Aujourd'hui, les femmes sont partout. Il y a des femmes présidentes de la République, des femmes ingénieurs atomiques, des femmes neurochirurgiennes…
– Faut pas désespérer alors, elles finiront bien par savoir se garer !

•

Le mariage n'est pas la fin des relations sexuelles. C'est juste la fin des relations sexuelles avec votre femme.

La plupart des gens pensent que l'homme de spectacle doit être amusant ou distrayant; ça n'est pas du tout mon avis, je pense que le spectacle est simplement un prétexte pour aller de plus en plus profondément à la recherche du social et c'est dans ce sens que j'essaie, du mieux que je peux, d'éduquer les foules. Je suis assez qualifié pour cette chose, car il faut dire que pendant très longtemps je me suis intéressé à la psychologie, à la sociologie psychologique, à la psychologie démonologique, à la démonologie sociale, et j'ai fait de nombreux voyages. Je suis allé notamment il y a peu de temps dans la Sarthe, qui est un département vinicole, où je me suis livré à un certain nombre d'enquêtes auprès des personnalités paysannes; et j'ai découvert une chose effarante et très triste à la fois: de nos jours, presque plus personne ne connaît Rouget de Lisle. C'est véritablement très triste quand on sait que Rouget de Lisle a été l'un des plus merveilleux poètes français. J'ai cherché à savoir pourquoi la faveur du public n'était plus sur les œuvres de Rouget de Lisle et j'ai cru comprendre que si Rouget de Lisle a écrit de merveilleux textes au point de vue langage et vocabulaire, il a aussi voulu écrire de la musique et malheureusement, il n'a jamais été capable d'écrire de la musique commerciale. S'il a été repris par bien des orchestres, il n'a en revanche pas réussi à toucher le dancing, et vous savez que maintenant, si vous ne touchez pas le bal, vous n'arriverez à rien... Or, les œuvres de Rouget de Lisle ont été très peu jouées par Marino Marini et c'est regrettable.

– Ça vous inspire quoi, la **bar-mitsva** ?
– Je trouve la bar-mitsva bien supérieure à la paella. Parce que dans la paella, j'aime pas beaucoup le mélange entre le poulet et les langoustines. Alors que dans la bar-mitsva, je trouve que les moules et les huîtres, c'est mieux, ça va bien. La bar-mitsva aux fruits de mer, hein, attention ! J'en ai mangé en Italie des quantités. Très, très sympathique.

•

Ce qui est amusant avec la Bourse, c'est qu'à chaque fois qu'un mec achète une action, un autre en vend une, et ils ont tous les deux l'impression de faire une bonne affaire !

Philippe Bouvard: Par amour, que fait l'homme plus souvent que la femme?

Jean Yanne: Il se rase?

Jean-Jacques Peroni: Non, il tue!

Philippe Bouvard: Bonne réponse!

Jean Yanne: Ah, c'est curieux, ça, moi je tuerais volontiers et souvent, mais jamais par amour! Au contraire, il me faudrait un prétexte valable. Un mec qui prend une place dans le parking avant moi, par exemple.

•

Jean-Claude Brialy: Je n'ai pas l'habitude d'avoir tort!

Jean Yanne: C'est parce que vous n'êtes pas marié.

Philippe Bouvard : Les femmes sont davantage enclines aux orgasmes successifs que les hommes.
Jean Yanne : C'est faux. Nous aussi, on a des orgasmes successifs. Un tous les mois.

•

– Vous savez que de plus en plus de jeunes gens s'initient à la sexualité à travers les films pornos ?
– C'est un peu comme apprendre à conduire pendant les 24 Heures du Mans, non ?

•

Philippe Castelli : Pourquoi est-ce que ce n'est pas moi qui ai été élu homme le plus sexy de l'année ?
Jean Yanne : Parce qu'avant ça, des milliards de mecs auraient dû mourir.

– LA MARIJUANA EST MAINTENANT LÉGALE DANS CERTAINS ÉTATS AMÉRICAINS, MAIS ILLÉGALE SELON LA LOI FÉDÉRALE.
– ET ALLEZ ESSAYER D'EXPLIQUER ÇA À UN MEC QUI EN A FUMÉ, VOUS !

•

– Le docteur Barth, de l'université de Cornell, a remarqué que les plantes étaient fiévreuses quand elles étaient malades. Aussi a-t-il trouvé le moyen de prendre leur température...
– Eh bien, voilà l'explication... je m'étais toujours demandé pourquoi les pots de fleurs étaient troués à la base !

– J'ai connu une femme qui n'arrêtait pas de rire quand on faisait l'amour.
– Ah bon ? Elle lisait quoi ?

•

– En Espagne, on recherche une femme avec un pistolet qui en trois jours a déjà obligé huit hommes à faire l'amour avec elle.
– Et le pistolet, il lui sert à quoi ?

PISTOLET

– Le souci, c'est que les femmes ont souvent besoin d'aimer avant de faire l'amour, alors que les hommes ont souvent besoin de faire l'amour avant d'aimer.
– Et on devient quoi si personne ne cède ?

•

– Vous connaissez certainement l'histoire de la survie miraculeuse de ce pauvre Chamfort, que son valet a retrouvé baignant dans son sang après qu'il s'est tiré une balle dans le visage puis a tenté de s'égorger.
– D'autant plus miraculeuse que le téléphone n'était pas inventé à l'époque et que le valet a dû écrire à l'ambulance !

– Jean, vous revenez
des Bahamas,
c'est vrai qu'il y a
toujours du soleil
là-bas ?

– Non, pas la nuit.

LE CINÉMA

– Vous allez souvent au cinéma ?
– Jamais. Vous en connaissez, vous, des plombiers qui le week-end vont admirer des tuyauteries ?

•

On peut dire qu'ayant fait beaucoup de cinéma et n'ayant pas du tout marqué le monde du cinéma par mes apparitions, j'ai surtout fait de la radio, et qu'après avoir fait de la radio, les gens m'ont redemandé de faire du cinéma, selon cette loi du spectacle qui fait qu'on demande toujours aux gens qui écrivent de jouer la comédie, aux gens qui jouent la comédie de faire des décors, aux gens qui font des décors de faire de la musique, aux gens qui font de la musique de faire de la mise en scène.

DES FOIS, JE ME DEMANDE COMMENT JE SUIS ARRIVÉ À RÉALISER DES FILMS, MOI QUI SUIS SOUVENT TROP FEIGNANT POUR FAIRE UNE SALADE.

•

Je ne dis jamais rien sur le coût de mes films. Surtout pour ne pas priver mes confrères du plaisir d'en parler sans savoir et par voie de conséquence pour ne pas me priver du plaisir de les entendre dire des conneries comme d'habitude.

Je n'arrête pas d'entendre des gens du show-biz s'extasier et parler de « leur métier » ; c'est un métier, notre métier, on est dans le métier, et celui-là, il est pas dans le métier... Alors donc c'est un métier, et si c'est un métier, c'est quand même la moindre des choses qu'ils le fassent bien ! Vous ne voyez pas que les types disent d'un plombier : « Oh, le mec qui est venu chez moi, dis donc, la vache, il a filé des tubes de 12, c'est une merveille ! Jamais t'as vu un mec placer des tuyaux comme ça, vraiment ! » Bon. Les plombiers ne rendent pas hommage à leurs copains plombiers. Il n'y a pas un 7 d'or des plombiers ou une clef à molette de la plomberie ! Y a pas non plus le Nobel de charcuterie.

Au cinéma, mes rôles sont des rôles que j'aurais pu tenir dans la vie. Je veux dire que je ne pourrais pas faire l'Aiglon, personne n'y croirait. J'ai fait un garagiste de Quimper avec Chabrol. Je pourrais très bien être garagiste à Quimper. J'ai fait un boucher du Périgord : j'ai le physique pour faire un boucher du Périgord. J'ai fait un proxénète. J'ai tout à fait un physique de proxénète ; je pense que ça ne choquerait personne à Pigalle si j'avais des dames qui accomplissent quelques travaux d'aiguille pour moi.

J'ai fait un film sur le monde paysan et j'ai découvert la traite des vaches : les vaches qu'on trait en batterie, on les met six par six de chaque côté, les fesses vers vous, et vous, vous êtes dans la fosse et avec un petit linge vous nettoyez le pis puis vous mettez les trayeuses. Évidemment, les gens du monde paysan qui ont l'habitude savent, à certains signes, quand il faut s'écarter. Mais le citadin comme moi qui arrive pour un rôle, il en prend plein la gueule. Pour résumer, pendant un mois, j'ai été payé pour me faire chier dessus et pisser sur la tête.

•

Dans *Que la bête meure*, c'est la première fois que j'ai un rôle vraiment sérieux, un rôle qui n'est pas fait pour faire rire. Il est vrai que j'écrabouille un petit garçon de 8 ans dès la première image, alors évidemment ça supprime tout le côté comique troupier qui pourrait éventuellement naître par la suite.

Jean Yanne,
interviewé au sujet de
son film* Tout le monde il est beau, tout le monde il est gentil, *est interpellé par un homme.

L'homme : Monsieur, je vous demande ce que vous répondriez à quelqu'un qui vous dirait que votre film est en fait une gentille crème antirides du système de la connerie généralisée, que votre film ne sort guère du médiocre habituel, et que diriez-vous si cet homme ajoutait en plus : « Donnez-moi de l'argent, vu que vous devez en gagner beaucoup, vu que je crois que, dans le fond, vous êtes sincère et de bonne volonté, donnez-moi de l'argent, je suis génial et je battrai réellement en brèche la connerie que nous prétendons tous les deux attaquer. »

Jean Yanne : D'abord, je dirais qu'il vous faut bien du temps pour arriver à dire tout ça et que ça peut se dire en trente secondes : « Vous êtes un con, donnez-moi des sous pour que je me taise », auquel cas je dirais non.

Tout le monde me dit que mon film Les Chinois à Paris *va être scandaleux. Je ne pense pas que je vais scandaliser les Français qui vont se voir tels qu'ils sont. Ce qui n'est pas un scandale, mais un constat. Et je ne scandaliserai probablement pas les Chinois parce qu'ils s'en foutent de moi. Reste un truc important, c'est que, de toute façon, si je scandalise quelqu'un, je m'en fous...*

Le critique cinéma du *Monde,* Jacques Siclier, m'en veut beaucoup parce que quand j'ai sorti *Les Chinois à Paris,* il a conclu son article par : « Un monument de bassesse morale élevé à coups de millions. » Alors moi, j'ai pris des pleines pages de publicité dans les journaux concurrents avec l'affiche du film et comme slogan : « Un monument », signé « Jacques Siclier ». Évidemment, le lendemain, il a rectifié en précisant qu'il avait dit « un monument de bassesse » et que je n'avais gardé que « monument ». Mais de toute façon, un monument reste un monument, qu'il soit de bassesse ou autre, donc je n'ai rien truqué du tout !

•

Le dernier film sur lequel nous avons travaillé, Gérard Sire et moi, était un film sur les médecins et les greffes d'organes. Pendant quatre mois, on a travaillé avec des médecins et on interrogeait des gens pour savoir comment ça se passait. Gravement malade, Gérard a été transporté à l'hôpital et j'allais le voir tous les deux jours, et je lui disais : « Prends des notes ! » On a plaisanté avec ça jusqu'à la fin...

J'ai eu une expérience directe avec Bresson : je suis resté dans une salle de mixage pendant vingt-quatre heures pour régler le bruit d'un tisonnier. Dans *Lancelot du lac*, qu'on avait coproduit avec Rassam, il y avait une dame qui devait marcher dans une pièce et qui devait poser un tisonnier et ça a duré la journée pour régler le son du tisonnier. Un coup, c'était trop métallique, ce qui est d'ailleurs la propriété d'un tisonnier ; un coup, ça ne l'était pas assez ; après, c'était trop bas, puis c'était trop haut... Alors j'ai dit que la conscience artistique à ce point-là, c'était formidable, mais enfin je ne suis pas revenu le lendemain parce que c'était un peu beaucoup pour moi... Mais cela dit, c'est bien, Bresson.

Je suis pour le cinéma puritain parce que je pense que le cinéma doit servir à dire autre chose et que l'on peut très bien faire des bons films sans montrer des croupes, des fesses et des cuisses. Le film que je vais faire ne traitera pas du tout du problème du sexe. Il y aura seulement une chose importante, c'est que mon héros va avoir de plus en plus de moyens, de plus en plus de puissance, et au fur et à mesure, les dames avec qui il se trouvera auront une poitrine de plus en plus développée parce que pour lui c'est un symbole d'opulence, mais on verra simplement les dames en robe.

Il y a des critiques impitoyables dans les salles de spectacle, ce sont les spectateurs qui exercent le métier du héros principal. Si on demande à un type d'être cordonnier et si dans la salle il y a douze cordonniers, les cordonniers ne regardent que les chaussures et la façon dont le type se sert du marteau, alors je crois que l'important quand on a à jouer un rôle de cordonnier, c'est d'abord d'aller chez un cordonnier et de regarder comment il fait.

●

Jean Yanne, en premier maître de cérémonie des Césars

C'est une chance que César s'appelle César parce qu'on peut remettre les Césars du cinéma. S'il s'était appelé Grafougnard ou Balandron... Il y a des sculpteurs qui ont de ces noms... ! On ne pouvait quand même pas donner les Balandrons du cinéma ! Alors que César, c'est joli...

Télévision nationale, c'est aussi bête que directeur artistique. « Directeur » et « artistique » sont deux mots qui ne vont pas ensemble.

•

Jacques Martin : Connaissons-nous un gouvernement qui a fait quelque chose pour les riches ? Dans les radios périphériques, existe-t-il un jeu réservé aux riches ? « Bonjour, madame, bonne réponse, vous avez gagné une Rolls ! » Là, ça aurait de la gueule...

Jean Yanne : Ou le contraire ! Huit jours dans la mine ! Pour les changer un peu, pour leur faire découvrir tout un monde qu'ils ignorent, ces pauvres gens...

Pensées et répliques 4

Le porte-clefs est une magnifique invention qui permet de perdre toutes ses clefs à la fois plutôt que de les perdre une par une.

•

Le problème des compliments, c'est qu'on n'est jamais sûr que c'est sincère. Alors qu'en général, une insulte, ça vient vraiment du cœur !

Il y a beaucoup de mecs
qui commencent à boire
parce que leurs femmes
les saoulent.

•

**Pour s'endormir,
les moutons
ne peuvent
compter
que sur
eux-mêmes !**

À Paris, il n'y a plus de cimetières aujourd'hui autour des églises. Ils ont été bétonnés. Ou on a enlevé les églises. Comme au Père-Lachaise, on a enlevé la cathédrale qui se trouvait au milieu, la cathédrale Notre-Dame, celle du roman de Victor Hugo. Après les observations de Viollet-le-Duc, on s'est dit qu'elle serait mieux au bord de la Seine. C'était quand même plus pratique pour les bateaux-mouches, parce que faire un détour par le Père-Lachaise pour voir Notre-Dame, c'était pas évident. Le problème, c'est qu'on ne pouvait pas délocaliser le Père-Lachaise avec, c'était pas faisable de le transférer au bord du fleuve du fait des infiltrations. On a donc profité de la crue de 1910 ; Paul Antoine Pasteur, le neveu de Louis, a eu l'idée de mettre la cathédrale sur flotteurs, on l'a descendue du Père-Lachaise à Beaubourg, en passant par République. Ils ont d'ailleurs hésité un moment à la laisser à Beaubourg, mais c'était compliqué. À cause des Halles, il y avait des cageots partout, il aurait fallu les enlever, bref, ils l'ont finalement poussée jusqu'à l'île de la Cité. Peu de Parisiens connaissent cette histoire, ce qui a le don de me mettre hors de moi !

J'attends la première Bible homosexuelle. Avec Dieu qui crée Adam et Robert.

•

Je voudrais profiter de la proximité de la fête de Noël pour protester contre le prix de l'essence ! S'il y a quelque chose de scandaleux en France, c'est bien le prix de l'essence ! Notre essence est la plus chère du MONDE !! Faisons un rapide calcul : 1 litre d'essence coûte 100 francs ; or, une voiture moyenne consomme 10 litres aux 100 kilomètres et une voiture moyenne roule à 100 kilomètres à l'heure, ce qui fait qu'une voiture moyenne coûte 1 000 francs de l'heure ! Quel est le pompiste qui gagne 1 000 francs de l'heure ? Eh bien, voilà où je voulais en venir : ça coûte moins cher d'engager un pompiste que de lui acheter de l'essence !! N'est-ce pas comique ?

Dans les rues, il y a quantité de Pères Noël qui embrassent les petits enfants et généralement ces Pères Noël-là sont des faux Pères Noël qui sont mal payés, qui font partie des classes les plus pauvres ; alors, étant mal payés, ils sont mal vêtus, mal rasés et ils font peur aux enfants.

Aujourd'hui, le Père Noël est de plus en plus victime de l'architecture moderne. Dans les grands ensembles, à Sarcelles, un peu partout, il n'y a plus de cheminées. Alors le Père Noël est obligé de se débrouiller pour passer dans les tuyauteries de chauffage central et je crois que ça pose des problèmes, et puis c'est très dangereux. Dans les grands ensembles, par exemple, le chauffage se fait par les planchers où il y a de l'air pulsé. Le Père Noël, qui descendait tranquillement avant par les cheminées, risquait de se salir un peu, maintenant il risque d'être pris dans une tornade d'air chaud, dans de l'air pulsé, de faire quatre fois le tour de la pièce avant de repartir. Je trouve que c'est méritoire. De même, le traîneau paraît aujourd'hui tout à fait dépassé. Déjà, au départ, le Père Noël devrait mettre ses jouets sur orbite puisqu'on a démontré que c'était plus facile de partir sur la Lune à partir du moment où on établissait une plate-forme spatiale qui tournait autour de la Terre. Le Père Noël est tout le temps obligé de remonter chercher des jouets, de les descendre en traîneau puis d'aller remplir à nouveau son traîneau pour redescendre encore. S'il plaçait un certain nombre de jouets sur orbite, il n'aurait plus que la moitié du parcours à faire.

Moi, je pense qu'il faut croire au Père Noël. D'ailleurs, on croit tous plus ou moins au Père Noël. Moi, j'y crois toujours.

Ce que j'ai du mal à comprendre avec les religions, c'est qu'en général le sexe est considéré comme répugnant, sale, abominable et qu'il faut le réserver à la personne qu'on aime.

•

CE N'EST PAS PARCE QU'ON EST CATHOLIQUE QU'ON NE PÈCHE PLUS. ON Y PREND PLUS DE PLAISIR, C'EST TOUT.

•

– Ah, la vie est difficile !
– Comparée à quoi ?

L'érotisme est un sujet tout à fait mal connu finalement parce que moi, par exemple, ma mère ne m'en a jamais parlé. J'ai appris ça comme ça, avec des copains, et je n'ai jamais bien su, au final, si c'était exactement ça. Tous les matins, je me lève, bon ben, je fais des tractions, je respire, je fais des mouvements... je sais que c'est un Suédois qui a mis ça au point, mais bon... L'érotisme est une chose quand même très importante dans la vie d'aujourd'hui. Prenez une de ses variantes, le fétichisme, par exemple. Le fétichisme dans l'érotisme, c'est une chose importante. En effet, les dames savent que si elles vont quelque part, découvrent un coin de genou et portent des bas fumés, automatiquement tous les hommes vont être là à regarder comme des bêtes sexuelles, tandis que nous les hommes, nous n'avons pas de trucs comme ça. Qu'un homme entre dans une assemblée où il y a des dames. Si par un hasard extraordinaire celles-ci ne le remarquent pas, il aura beau montrer ses chaussettes pendant une heure et demie, il ne se passera rien ! Non, je crois que l'érotisme finalement est une notion typiquement féminine. Prenez, par exemple, Brigitte Bardot, mettez-lui un béret de parachutiste, un battle-dress, des rangers et un ceinturon, eh ben, elle est mignonne. Prenez un colonel d'infanterie, mettez-lui des bas noirs, des cuissardes et un soutien-gorge transparent, il a l'air d'une andouille !! C'est tout ! Et moi, j'ai des chaussettes noires et j'ai beau regarder mes chevilles, ça ne me fait rien... rien du tout...

LÉON ZITRONE :
Après ma mort, je laisse mon corps à la science.

JEAN YANNE :
Vous voulez dire à la science-fiction ?

•

– Quelle est la condition indispensable pour qu'une femelle écrevisse puisse être fécondée ?

– Faut qu'elle soit mignonne ! C'est comme pour toutes les races : il faut qu'elle soit aguichante, plaisante, séduisante, parfumée, coiffée, bien habillée sur elle et tout, qu'elle ait des longs gants noirs et des chaussures à talons. Parce que sans ça, si elle est négligée, un vieux peignoir mal fermé, les bas tombant sur les chaussures, l'écrevisse, elle touche pas une bille !

– C'est toujours le premier jour du régime le plus dur !
– C'est normal, le deuxième on a arrêté le régime !

•

Philippe Bouvard : Voici M. Martin, avec une demi-heure de retard !
Jacques Martin : Excusez-moi, je suis tombé dans les escaliers.
Jean Yanne : Pendant une demi-heure ?

•

– Vous pratiquez le water-polo, monsieur Yanne ?
– Il faut pas confondre le water-polo avec cet autre jeu très amusant qui consiste à filer des coups de canne sur la gueule des mecs en congés payés qui se baignent, quand on a un beau bateau. Ça, c'est le water-prolo.

Philippe Castelli : Honnêtement, je préfère un bon dîner à une partie de jambes en l'air !
Jean Yanne : C'est peut-être parce que vous pouvez encore espérer prendre un bon dîner ?

●

Philippe Bouvard :
Dans les nouveautés, on parle d'une chaîne de télévision consacrée à la météo qui donnerait toute la journée des informations sur le temps qu'il fait.
Jean Yanne :
De mon temps, ça existait déjà. On appelait ça une fenêtre.

– ON NE DIRA JAMAIS ASSEZ DE BIEN DE L'AIL.
– VOUS AVEZ RAISON, C'EST QUAND MÊME LE KETCHUP DES INTELLECTUELS !

•

Philippe Bouvard : À quoi avez-vous consacré votre week-end, Jean-Pierre ?

Jean-Pierre Coffe : Figurez-vous que j'ai tondu devant chez moi, ce que je n'avais pas fait depuis des semaines.

Jean Yanne : Tu as enfin retrouvé ta voiture ?

•

Philippe Bouvard: L'Amiral m'a étonné, je lui ai proposé un whisky qu'il a refusé, ce qui n'est pas dans ses habitudes.

Jean Yanne: Vous êtes sûr qu'il a compris la question?

– La mode maintenant est au sadomasochisme. C'est dans l'air du temps. Bientôt vos enfants découvriront la sexualité avec le sadomasochisme !

– Et ça va devenir compliqué de leur donner une fessée !

Philippe Bouvard : C'est vrai que vous avez pris un petit coup de vieux, monsieur Zitrone, ça se voit.

Jean Yanne : En effet, mais rassurez-moi, Léon, au restaurant, ils ne vous font quand même pas payer au moment de la commande ?

•

Olivier de Kersauson : Si j'ai le choix, je préfère faire des dons de sperme que des dons de sang.
Jean Yanne : Oui, les magazines sont plus intéressants.

SPERME

Philippe Castelli : Ce qu'il faut bien comprendre, c'est que, comme les hommes, toutes les femmes sont toujours partantes pour faire l'amour.

Jean Yanne : Le seul souci, c'est que c'est rarement avec vous.

•

Philippe Castelli :
Je vis seul par choix.
Jean Yanne :
Oui, mais c'est pas vous
qu'avez fait le choix.

JEAN YANNE AUX « GROSSES TÊTES »

Le QI

Philippe Bouvard : Monsieur Yanne, vous aviez un tout petit QI, hein ?

Jean Yanne : Très petit.

Philippe Bouvard : Comparable à un quoi ?

Jean Yanne : Au-dessous de l'huître. Je fais 21, moi, de QI. Je suis au-dessous de l'oursin. C'est les êtres unicellulaires, qui ne pensent pas. 90, c'est les imbéciles, et puis 110, c'est les gens normaux, 140, c'est les mecs bien, 180, c'est formidable, et moi, j'ai 21.

Jean-Pierre Coffe : Comment tu as mesuré ça ?

Jean Yanne : On m'a fait faire des tests à l'armée. Les tests de l'armée.

Jean-Pierre Coffe : Et ça s'améliore pas ? Tu restes toujours...

Jean Yanne : J'en sais rien. Je l'ai pas fait depuis. Mais à l'armée, on m'avait dit que j'avais 21 de QI. Donc j'étais content, je croyais que j'allais me tirer. Mais c'est le contraire : plus on est con, plus ils vous gardent !

Pierre Bellemare : Vous avez fait exprès ?

Jean Yanne : Pas du tout ! Absolument pas. Je comprenais pas. C'étaient des trucs de roues qui s'encastrent les unes dans les autres, et on demandait si la roue A tourne dans tel sens, dans quel sens tourne la roue B. Après, y avait des machins, des carrés, des ronds, des trucs : cochez les deux qui sont pareils... Et je voyais les types, ils rendaient tous leur copie, ils se barraient et moi j'en étais encore à la première page, je restais seul avec deux ou trois cultivateurs. Le lendemain, on m'a convoqué : Monsieur, 21... Ils n'ont jamais voulu croire...

Patrick Sébastien : Qu'est-ce qu'ils t'ont fait, alors ?

Jean Yanne : Rien. À 21, ils t'emmerdent pas. T'es tranquille, ils viennent pas te dire : « Vous êtes un génie, entrez au Pentagone », ou des conneries comme ça. Ils m'ont pas confié de machines sophistiquées, genre lance-roquettes antichar ou radar de précision. Qu'est-ce que tu veux, avec 26... moi, les deux seuls rapports que j'ai avec la technologie de pointe, c'est passer par-dessus l'appareil pour me barrer en courant ou taper trois fois dessus si je suis sûr que de la bouffe va en sortir.

Les titres du pape

Philippe Bouvard : Quels sont les titres du pape ?

Jean Yanne : Sénégalais d'honneur avec palmes et fourragère ?

Philippe Bouvard : Il est successeur de saint Pierre, souverain pontife...

Jean Yanne : Grand Moutardier ? Directeur adjoint des apôtres ?

Philippe Bouvard : Non, prince des apôtres, vicaire de Jésus-Christ.

Jean Yanne : Inventeur de la robe sac ?

Philippe Bouvard : Par rapport à Rome, il est... évêque de Rome. Par rapport à l'Église, il est... chef de l'Église catholique.

Jean Yanne : Par rapport à moi... il est rien !

Philippe Bouvard : Il est patriarche d'Occident. Souverain du Vatican. Et par rapport à l'Italie ?

Jean Yanne : Il a la lasagne du grand sépulcre ? Il est décoré de la grande tranche du jambon de San Daniele ? Il porte le carpaccio en dentelles ?

Philippe Bouvard : Il est aussi primat d'Italie, archevêque et métropolitain...

Jean Yanne : Quoi, receveur du métro ? À chaque fois qu'il reçoit les gens, c'est le grand meeting du métropolitain !

Lettre au pape

Philippe Bouvard : Question de protocole et de religion proposée par M. Leroy, de Guernesey.

Olivier de Kersauson : Ça va relever le niveau.

Philippe Bouvard : Si vous écrivez au pape, hypothèse de travail...

Jean Yanne : Cher Popol...

Philippe Bouvard : Non. Par quelle formule vocative devez-vous commencer votre missive ?

Isabelle Mergault : Sa Majesté.

Olivier de Kersauson – Jean Yanne : Mais non.

Jean Yanne : Très Saint-Père.

Philippe Bouvard : Exactement.

Jean Yanne : Très Saint-Père chéri...

Philippe Bouvard : Non : Très Saint-Père.

Jean Yanne : Très Saint-Père chéri adoré...

Philippe Bouvard : Mais non !

Jean Yanne : Mais si ! je l'aime bien, moi, je peux quand même rajouter un truc. Dès l'instant que je commence par « Très Saint-Père ».

Philippe Bouvard : Je ne suis pas sûr que dans ces conditions votre lettre lui parviendra.

Jean Yanne : « Très Saint-Père, je prends la plume pour vous écrire ce petit mot. »

Philippe Bouvard : Si on veut...

Jean Yanne : « Je suis un touriste français, j'arrive à Rome le 22, je suis torpilleur à la Marine nationale... » Pour qu'il sache à qui il a affaire, quoi : je lui dis plein de trucs...

Philippe Bouvard : Le *Manuel du protocole* auquel se réfère M. Leroy, de Guernesey, conseille, après le Très Saint-Père, d'employer la formule : « Humblement prosterné aux pieds de Votre Sainteté… »

Jean Yanne : « Humblement prosterné aux pieds de Votre Sainteté pour que vous puissiez mettre vos pieds sur mon dos… » Et l'autre, avec ses petits chaussons…

Philippe Bouvard : Ses mules, ses mules !

Jean Yanne : … avec ses petites mules, il vous fait un petit massage de dos, c'est pas désagréable.

Philippe Bouvard : « Humblement prosterné aux pieds de Votre Sainteté et implorant la faveur de la bénédiction apostolique. » Voilà. Et après vous formulez votre requête.

Jean Yanne : Quand les gens écrivent, c'est pour proposer quelque chose : « Je suis représentant… » Le type, il est VRP : « Je suis représentant en micro-ondes et j'aimerais vous offrir un de nos derniers modèles pour réchauffer le matin. »

Philippe Bouvard : C'est pas une proposition infamante, hein !

Jean Yanne : Non. Mais simplement au lieu de dire : « Nous vous joignons le courrier avec notre modèle », il faut quand même commencer par : « Très Saint-Père, humblement prosterné aux pieds de Votre Majesté… »

Philippe Bouvard : Sainteté.

Jean Yanne : « … de Votre Sainteté et à quatre pattes, et machin, et je vous propose mon micro-ondes. »

Philippe Bouvard : C'est le représentant de Dieu sur terre, hein : c'est pas n'importe qui…

Olivier de Kersauson : Vous lui écrivez une carte postale, vous êtes en vacances : « Tiens, je vais envoyer une carte au pape, ça lui fera plaisir. » Alors : « Très Saint-Père, je me prosterne… »

Y a plus la place. Y a plus la place de mettre une croix sur le truc... C'est lamentable !

Jean Yanne : Et quand il répond, lui, comment qu'il nous appelle ?

Philippe Bouvard : Mon fils.

Jean Yanne : C'est tout ?

Isabelle Mergault : Même si c'est une femme ?

Philippe Bouvard : Non ! Ma fille.

Jean Yanne : Il pourrait dire : « Mon bien cher fils », quand même ! Merde, alors !

Le saint suaire

Pierre Bellemare : Vous savez grâce à quoi on s'est aperçu que c'était le saint suaire et qu'il y avait quelqu'un dedans ?

Philippe Bouvard : Le carbone 14, non ?

Pierre Bellemare : Non. C'est au XIXe siècle.

Philippe Bouvard : Quelqu'un a pris une photo et quand il a développé la pellicule, il l'a vu en négatif.

Jean Yanne : C'est surtout parce qu'il y a la marque « made in Japan » en bas... C'est un peu douteux quand même. Et puis y a tout le machin, l'étiquette avec la température de lavage et tout le truc, vous savez...

Philippe Bouvard : 30 °C...

Jean Yanne : Et c'est surtout : acrylique véritable. C'est ça qui est un peu gênant. Ce qui est aussi un peu douteux quand on le regarde de près, le saint suaire, c'est qu'il ait des lunettes, le mec !

Le nom du Christ

Philippe Bouvard : Question religieuse, enfin si vous êtes familiers des textes saints.

Jean Yanne : Bien sûr.

Philippe Bouvard : Je crois que vous êtes familier des textes saints, mon révérend Yanne.

Jean Yanne : Ben, je suis familier de tout ce qui veut bien m'accorder ses faveurs.

Philippe Bouvard : Alors, ça, c'est une question de Mme Châtelet de Montargis.

Jean Yanne : Ouais, allons-y. Je vous attends de pied ferme.

Philippe Bouvard : Quel nom est donné 77 fois au Christ dans le Nouveau Testament ?

Jean Yanne : Jojo. *(Rires soutenus.)* Ben, je sais pas quoi : le Fils de l'homme ?

Philippe Bouvard : Le Fils de l'homme ! Bonne réponse de Jean Yanne ! C'est idéal pour « Les Grosses Têtes » : la pirouette comique et puis après, la réponse culturelle.

La Seine

Jean Yanne : Je ne donnerais pas 2 balles pour la Seine, c'est plein de saloperies de cadavres, de bagnoles, de vieilles pourritures de trucs qui polluent tout le monde, c'est moche, c'est laid, ça pue. Je trouve que la Seine devrait être bétonnée pour faire une voie express.

Olivier de Kersauson : Et même les bateaux-mouches, enfin plutôt les bateaux des mouches, vu l'état de cette putain de rivière...

Jean Yanne : Parce que c'est quand même plus agréable de voir des camions passer sur du ciment que voir des putains de bateaux qui avancent sur le marécage, hein !

Olivier de Kersauson : Ouais, il a raison !

Jean Yanne : Et tu te rends compte ce que ça ferait si la Seine était bétonnée ? Au lieu des bateaux-mouches, on aurait des cars, on pourrait même faire un circuit de formule 1 ! Et les mecs qui se suicident des ponts, au moins là sur du béton, ils seraient sûrs de pas se louper, y a pas un con qui leur jetterait une bouée !

Le réfrigérateur intelligent

Philippe Bouvard : Vous avez vu le réfrigérateur qui sait tout faire, qui est intelligent. Si le frigo s'aperçoit qu'il manque des produits essentiels, parce qu'il connaît vos habitudes...

Jean Yanne : Sûr... « Du yaouuuurt ! il gueule. Du yaouuuurt ! Y en a plus que deux ! »

Philippe Bouvard : Il fait plus que de hurler : il vous téléphone. Il sait que vous êtes à votre bureau.

Jean Yanne : Il peut pas aller faire les courses, ce fumier-là ?! C'est un frigo perfectionné, sophistiqué et tout, il voit qu'il y a pas de yaourts, il peut pas aller chez l'Arabe au coin ? Il a bien des roulettes, non ?

Philippe Bouvard : Et si vous faites la cuisine...

Jean Yanne : S'il y a un frigo comme ça dans ma cuisine, je ne lui parle pas, moi !

Philippe Bouvard : Si vous faites la cuisine, donc, il vous donne une recette. Et il affiche dessous la teneur en calories et en graisses...

Jean Yanne : Ah, il est chiant en plus !

Philippe Bouvard : Enfin, il peut lancer le chauffage.

Jean Yanne : Mais s'il fait ça, il meurt, le con ! C'est du suicide !

Que fait la grue quand elle crie?

Olivier de Kersauson : C'est qu'elle prend son pied, non?
Philippe Castelli : C'est qu'elle est mal graissée.
Jacques Martin : Elle grugrute... Elle roubiole.
Olivier de Kersauson : Elle tifouille.
Jacques Martin : Elle merlouse.
Jean Yanne : Elle machule.
Jacques Martin : Elle confadiule.
Jean Yanne : Elle graniote.
Olivier de Kersauson : Elle crapoute.
Jacques Martin : Elle sirlipide.
Jean Yanne : Elle crupe.
Olivier de Kersauson : Elle plasse.
Jean Yanne : Elle trouffe.
Jacques Martin : Elle chapougne.
Jean Yanne : Elle nronche.
Olivier de Kersauson : Elle grophe.
Jean Yanne : Elle rabuffe.
Olivier de Kersauson : Elle regrophe.
Jean Yanne : Elle siglogue.
Jacques Martin : Elle pitouffle...

Fantasmes aériens

Jean Yanne : Qui s'est jamais fait sucer les doigts de pied ? Excusez-moi… Enfin moi, je dis ça parce que je prends souvent l'avion. Mais…

Philippe Bouvard : Et on vous suce les doigts de pied, en avion ?

Jean Yanne : Mais qu'est-ce que vous voulez vous faire sucer d'autre dans un avion ? Si on vous prend à vous faire sucer les doigts de pied, ça va, mais si on vous prend à vous faire sucer autre chose…

Philippe Bouvard : C'est interdit dans les avions ?

Jean Yanne : Mais oui. On vous met au piquet à côté des cabinets.

Philippe Bouvard : Mais qui vous suce les doigts de pied en avion ?

Jean Yanne : Ceux qui veulent. Y a une annonce au début. Non, ça dépend si y a des turbulences. Quand y a vraiment les turbulences, les gens sont prêts à faire n'importe quoi… Les bonnes femmes, elles se cramponnent : « On va mourir ! Qu'est-ce que je peux faire ? – Ben, sucez-moi donc les doigts de pied ! »

L'ermite

Philippe Bouvard : Que fait l'ermite oriental de ses journées ?

Jean Yanne : Il prie ?

Philippe Bouvard : L'ermite ne prie pas, l'ermite...

Jean Yanne : L'ermite est abruti ! L'ermite, il sait même plus ce qu'il fait ! Qu'est-ce que vous voulez qu'il foute ! Il est en Orient, dans son ermitage...

Philippe Bouvard : Et il fait ce que les artistes dont vous êtes, monsieur Yanne, adorent faire.

Jean-Pierre Coffe : Il chante, il chante !

Philippe Bouvard : Non.

Jean Yanne : Il fait caca.

Philippe Bouvard : Mais non, il ne mange pas, l'ermite, il ne fait pas caca, il a rien...

Jean Yanne : Alors l'ermite, il fait jamais caca ?

Jean-Pierre Coffe : Vous savez ce qu'il fait ? Il pense qu'il fait caca. Il ne fait pas caca, mais il pense qu'il fait caca.

Jean Yanne : Et il est malheureux, l'ermite !

Philippe Bouvard : L'ermite, il est allongé...

Jean Yanne : L'ermite, il est malheureux parce qu'il fait caca, mais il peut le dire à personne puisque c'est un ermite. Il peut pas le raconter ! Il peut pas dire : « Ah, ben... j'ai fait caca ! » Non, il est tout seul.

Jean-Pierre Coffe : Et c'est terrible pour un ermite l'idée qu'il va chier seul ! Il est désespéré. Ne pas pouvoir le raconter ! Mais quelle horreur !

Philippe Bouvard : Le gong a retenti. Et Mme Desroches de Grolet…

Jean Yanne : Que cette dame-là gagne de l'argent quand il fait caca, c'est quand même honteux !

Philippe Bouvard : L'ermite oriental contemple perpétuellement…

Jean Yanne : … son caca !

Philippe Bouvard : Mais non ! Son nombril.

Décorations

Jean Yanne : Quand un type a un sexe qui n'est pas très avantageux, autant qu'il le décore !

Gérard Jugnot : Regardez les arbres de Noël : c'est pas très beau comme ça.

Jean Yanne : Je conseille d'éviter la bougie, parce que, évidemment, il faut la mettre avec des petites pinces, alors ça fait mal. Mais les petits filets d'argent, les cheveux d'ange, les machins comme ça, c'est pas mal.

Gérard Jugnot : J'ai des guirlandes.

Jean Yanne : Une petite étoile au bout, ça peut être sympathique, hein !... On peut même mettre les petits santons, en bas : un bœuf d'un côté, un âne de l'autre.

Philippe Bouvard : C'est plus un slip, c'est une crèche.

Jean Yanne : Et puis ça permet de passer les disques de Tino Rossi toute l'année...

La réincarnation

Philippe Bouvard : Question de M. Victore : Lorsque le Christ eut ressuscité, les apôtres le prirent pour un esprit. Que fit-il pour les persuader qu'il était présent devant eux en chair et en os ?

Jean Yanne : Il a mangé.

Philippe Bouvard : Il a mangé quoi ?

Jean Yanne : Il a commencé par quelques hors-d'œuvre... Il a mangé un petit peu de pâté, de terrine, avec des cornichons, il aimait bien ça.

Olivier de Kersauson : De la langue de porc en gelée.

Jean Yanne : Après, il a mangé un dos d'agneau-flageolets, des tarbais... Un peu de fromage, dessert, café, pousse-café...

Olivier de Kersauson : Un petit cigare.

Philippe Bouvard : Et le livre d'or, c'était bien le moins.

Jean Yanne : C'est là que Judas a dit : « L'addition séparée. »

Philippe Bouvard : Non. Les apôtres, sans savoir que Jésus reviendrait, avaient préparé un repas à base de...

Jean Yanne : À base de couscous.

Philippe Bouvard : Mais non !

Jean Yanne : Bon. Ils ont des truites...

Olivier de Kersauson : Des carpes.

Jean Yanne : De trucs casher...

Philippe Bouvard : Il y avait des poissons accommodés à la mode locale, et Jésus...

Olivier de Kersauson : C'était quoi la mode locale ?

Jean Yanne : La mode locale, c'est un tout petit peu d'épices mais pas trop, avec juste un filet de citron.

Philippe Bouvard : C'est très bon...

Olivier de Kersauson : Je vous recommande la carpe quand il fait 40 °C.

Jean Yanne : C'est quand même fait pour être bouffé quand il fait – 12 °C, et là il fait 35 °C, et les mecs, ils vous donnent ça à bouffer. Ça, c'est vraiment pas bien !

Philippe Bouvard : Bref, il a mangé un poisson, et tous les apôtres se sont dit : « Eh bien, le Christ est vraiment revenu. »

Jean Yanne : Oui. Et c'est pour ça qu'on l'a appelé Jésus de Naz-arêtes après...

Philippe Bouvard : C'était une bonne réponse, mais un commentaire douteux de Jean Yanne !

Les peintres flamands et l'Évangile

Philippe Bouvard : Quel anachronisme fréquent remarque-t-on sur les œuvres des peintres flamands qui représentent des scènes inspirées par l'Évangile ?

Jean Yanne : C'est dans le costard.

Philippe Bouvard : Non. Parce que sur le plan du vêtement, c'est assez bien rendu.

Olivier de Kersauson : L'architecture.

Philippe Bouvard : Non.

Jean Yanne : Les voitures ?

Philippe Bouvard : Non.

Jean Yanne : Une Ferrari...

Isabelle Mergault : Y a des portables ?

Philippe Bouvard : Non.

Jean Yanne : Les moustaches ? La barbe ?

Pierre Bellemare : C'est un os, c'est un objet ?

Olivier de Kersauson : Le système pileux ?

Philippe Bouvard : Un accessoire qui n'est venu que bien des siècles après.

Pierre Bellemare : Un accessoire pour s'éclairer ?

Philippe Bouvard : Non.

Pierre Bellemare : Un accessoire de table ?

Jean Yanne : La mitre ?

Pierre Bellemare : Pour manger ?

Philippe Bouvard : Non.

Pierre Bellemare : Un accessoire extérieur à la maison ?

Philippe Bouvard : Dans une maison ou à l'extérieur...

Pierre Bellemare : Un outil ?

Jean Yanne : La poêle Tefal ?

Pierre Bellemare : Les lunettes ?

Philippe Bouvard : Les lunettes. Exactement ! Les lunettes que des peintres extrêmement célèbres...

Jean Yanne : Ils font Jésus-Christ avec des lunettes ?!

Pierre Bellemare : Non, non : des personnages...

Jean Yanne : Avec des Ray-Ban ?

Philippe Bouvard : Des personnages secondaires qui ont des lunettes : bonne réponse de Pierre Bellemare !

Jean Yanne : Je n'ai jamais vu le pape avec des Ray-Ban...

Philippe Bouvard : Vous êtes en train de risquer votre part de paradis...

Jean Yanne : C'est bien possible. C'est déjà bien mal barré.

Philippe Bouvard : Oh oui !

Jean Yanne : Honnêtement, si vraiment j'y arrive, c'est qu'ils sont vraiment gentils là-haut, parce que...

Philippe Bouvard : Si y a pas de paradis, y a pas d'enfer.

Jean Yanne : C'est vrai.

Olivier de Kersauson : Oh, qu'il y ait au moins un bistrot ! Rassurez-nous, Philippe...

Les nids d'hirondelles

Philippe Bouvard : De quoi sont faits les nids d'hirondelles dont raffolent les Chinois ?

Jean Yanne : De la bave et des algues.

Philippe Bouvard : Eh oui : c'est la salive déglutie des hirondelles et des algues dont elles se servent pour faire leurs nids. Il paraît que c'est très bon. Monsieur Yanne en a mangé ?

Jean Yanne : Souvent.

Jean-Pierre Coffe : Ça se mange chaud ou froid, ça ?

Jean Yanne : En bouillon : c'est un potage. Le potage aux nids d'hirondelles. Donc, en fait, il y a quelques algues là-dedans, bon...

Philippe Bouvard : Y a des brindilles ?

Jean Yanne : Y a des brindilles ! Ça va pas, non ? Vous confondez avec les cigognes ! Personne ne fait le potage aux nids de cigognes, parce que là, évidemment, on trouverait des mégots, des machins, des brassières, des Pampers, enfin tout un tas de trucs que ces volatiles ramassent un peu partout. Mais là, la petite hirondelle, toute petite... D'ailleurs, quand on parle de bave d'hirondelle, vous vous rendez compte comme c'est peu, un petit filet de salive d'hirondelle, c'est tout petit, ça passe comme un souffle...

Olivier de Kersauson : Mais c'est sucré ?

Jean Yanne : Ça dépend ce qu'on met dedans : la plupart du temps, dans les potages chinois, de toute façon si on n'arrose pas ça avec une tonne et demie de sauce à viande, de piment, ça n'a pas de goût, alors...

La tenue du Christ

Philippe Bouvard : Question de Mme Le Prieur : Dans quelle tenue est représenté le Christ sur les vitraux de l'église Saint-Roch ?

Guy Montagné : En tenue de plongeur sous-marin ? En tutu ?

Philippe Bouvard : Non. Je sens qu'on va dire n'importe quoi. Et je vais encore avoir un courrier... Respectons les convictions d'autrui, s'il vous plaît. Le Christ – je vais vous mettre sur la voie, celle du Seigneur – tel que, après la Résurrection, il est apparu à Marie Madeleine.

Jean Yanne : Ah bon ! En smoking ?

Philippe Bouvard : Mais non, pas en smoking !

Guy Montagné : Si, en smoking, très chic : « Marie Madeleine, bonjour, c'est moi ! »

Jean Yanne : Avec son linceul ?

Philippe Bouvard : Non. D'ailleurs, elle l'a pas reconnu tout de suite, parce que...

Jean Yanne : Il avait un masque.

Philippe Bouvard : Parce qu'il était habillé d'une façon inaccoutumée.

Guy Montagné : En pèlerin.

Philippe Bouvard : Non.

Jean Yanne : Elle était où, Marie Madeleine ? Chez elle ?

Philippe Bouvard : Elle était chez elle.

Jean Yanne : Il arrive en pyjama.

Guy Montagné : En voyageur, en représentant de commerce : « Bonjour, madame, je... »

Philippe Bouvard : C'est un vêtement professionnel.
Guy Montagné : Tailleur de pierres.
Jean Yanne : Charpentier ?
Philippe Bouvard : Non.
Guy Montagné : Vendeur de glaces.
Philippe Bouvard : Il faut dire que…
Jean Yanne : Salopette.
Guy Montagné : C'est pas loin !
Jean Yanne : Ah bon ! Combinaison spatiale ? Il arrivait de là-haut, avec marqué « Nasa… Nasa-reth »…

Les petits Japonais

Philippe Bouvard : Quelle est l'une des premières politesses que l'on enseigne aux petits Japonais ?

Jean Yanne : Écoutez, vous pouvez prévenir chez vous que vous n'êtes pas rentrés tout de suite. Allez téléphoner, envoyez un télégramme, parce que là, la politesse chez les Japonais, ça va nous faire une heure et quart... Prévenez chez vous, parce qu'ils vont s'inquiéter. Ils font le thé.

Philippe Bouvard : Non.

Jean Yanne : Ils amènent les patins.

Philippe Bouvard : Non. Ils n'amènent pas les patins, mais c'est pas loin.

Jean Yanne : Ils se lavent les pieds, ils enlèvent les chaussettes ? Ils arrosent les pieds avec du parfum... parce que les Japonais, c'est comme le grisou avec les petits chiens... comme ils sont petits, les Japonais, ils sont au ras du sol, alors y a des moments où le mec, il sent des pieds. Alors le petit Japonais, il prévient ses parents. Le temps que l'odeur arrive à la mère et au père... Surtout le père, si c'est un très grand Japonais, 2,50 mètres, un des grands Japonais.

Philippe Bouvard : C'est vrai que ça concerne les chaussures des invités.

Jean Yanne : Ils mettent des truffes dedans. Ils foutent des étiquettes pour qu'on les reconnaisse. Il y a beaucoup de visiteurs. Ils mettent : « Chaussures appartenant à M. Suyaka Ymitati », pour pas qu'on les file à Yamamoto Kusuyama, qui se couche dedans – comme ils sont tout petits... C'est les chaussures : ils s'occupent des chaussures, on est bien d'accord ?

Philippe Bouvard : Ils s'occupent des chaussures des invités. L'invité arrive chez les Japonais. Il se déchausse.

Jean Yanne : Eh, vous fâchez pas ! Il va nous mordre ! Eh, j'la connais : regardez ce type pacifique d'habitude et tout, et là il est hargneux parce que… L'invité arrive : « Bonjour, monsieur le Japonais inviteur.

– Bonjour, monsieur le Japonais invité, puis-je vous retirer vos godasses ?

– Mais je suis déjà à côté de mes pompes… »

Le petit Japonais de 5 ans arrive derrière, furtif, hop ! il pique les godasses. Voilà notre Japonais enfant en possession d'une paire de godasses. Qu'en fait-il ?

Philippe Bouvard : Voilà : c'est la question que je vous pose…

Jean Yanne : Qu'est-ce qu'il peut faire avec une paire de godasses, à moins d'une déviation sexuelle japonaise, que je ne connais pas ? Il peut penser à sa maman en se tapant une paire de brodequins, mais je ne vois pas le rapport. Il met du papier dedans.

Philippe Bouvard : Je vous rappelle comment ça s'est passé. Le visiteur, Japonais ou pas, est arrivé, il a enlevé tout de suite ses chaussures, il est entré dans la maison.

Jean Yanne : Allons-y, expliquez…

Philippe Bouvard : Eh bien, on leur apprend à mettre dans le sens de la sortie les chaussures que les visiteurs ont ôtées en entrant dans la maison.

Jean Yanne : Voilà qui est délicat ! Voilà qui est très gentil, alors ! Voilà qui est gentil ! Moi, j'arrive chez un Japonais, je retire mes godasses, déjà ça me plaît pas, mais enfin bon, je retire mes pompes, je vois un moutard qui arrive, qui prend les pompes, qui me les met dans la sortie, je ressaute dedans et j'me barre ! Qu'est-ce que je vais rester à m'emmerder chez un Japonais qui veut que je parte avant même que je sois entré ?! Mais vous rigolez ?! C'est poli, ça ? Morveux de Japonais ! Je vois un petit môme de Japonais, je vois un petit con de 5 ans qui arrive avec les yeux bridés : tu vas voir comment je vais lui filer une tarte dans son claque-merde, moi !

La nature est folle

Jean Yanne : De toute façon, la nature, elle est folle.

Philippe Bouvard : Pourquoi vous dites ça ?

Jean Yanne : Parce que des animaux qui se transforment, ça, ça me fout les copeaux.

Philippe Bouvard : À quels animaux pensez-vous ?

Jean Yanne : Une chenille qui se transforme en papillon par exemple, ça me fout les boules. Je suis désolé. Parce qu'on peut s'attendre après ça à avoir un jour un animal dangereux, dégoûtant, désagréable, tout gris, qui devient plus gros, et encore plus gros... Par exemple, demain, si un menhir se transforme en éléphant, puis qu'il a des ailes qui lui poussent, puis s'il se met à pondre...

Philippe Bouvard : On n'en est pas là quand même !

Jean Yanne : Oh ! on n'en est pas loin, quand même... Avec les trucs génétiques, les gènes de machin et tout...

Olivier de Kersauson : Que les menhirs se transforment en éléphants, c'est courant, mais qu'ils pondent !...

Jean Yanne : Tu vas voir si tu vas être malin quand tu vas te lever le matin et que tu vas voir 2 millions et demi d'éphémères en granit qui pèsent 1 tonne voler au-dessus de toi... Tu vas voir si tu vas la ramener...

Montluçon

Philippe Bouvard : De Mme Méplé, de Montluçon.

Jean Yanne : Franchement, si y a un truc dont je me fous avec la dernière énergie, c'est bien de savoir où est Montluçon ! Moi, j'aime beaucoup les gens de Montluçon.

Philippe Bouvard : Qu'est-ce qu'il y a à Montluçon ?

Jean Yanne : Son nougat.

Philippe Bouvard : Ah ! le nougat de Montluçon...

Jean Yanne : C'est quand même la capitale du champagne, comme tout le Bordelais, d'ailleurs.

Olivier de Kersauson : Vous avez jamais vu Montluçon et lumières...

Jean Yanne : D'ailleurs, la Vierge de Montluçon qui est apparue a donné naissance au pèlerinage.

Olivier de Kersauson : La seule Vierge qui soit apparue en bagnole à un feu rouge. Y a deux agents qui n'y croyaient pas.

Jean Yanne : Y a un poème sur Montluçon qui dit :

> « Montluçon, tu me plais,
> J'aime beaucoup tes filles
> Montluçon, je t'en prie,
> Retire ta cédille. »

Olivier de Kersauson : « Montluçon ! Montluçon ! Cinq minutes d'arrêt, buffet gastronomique ! Attention au départ, s'il vous plaît ! Fermez les portières !... de Chevreuse, branlez le petit, chignez... attention au départ ! »

Jean Yanne : Pensez que Roosevelt avait quand même dit : « On s'en fout qu'ils détruisent Pearl Harbor, on ira à Montluçon ! » Ça, je l'ai pas inventé !

Philippe Bouvard : La culture peut reprendre ses droits ?

Jacques Martin : Dès que vous sortez du bois de Montluçon, c'est sans problème. Et on n'a pas parlé des petits métiers de Montluçon.

Jean Yanne : Les pignoleurs, par exemple. J'ai visité notre Luçon, votre Luçon... Parlons quand même des choses tragiques : les fumeries de Montluçon... Les fumeries de Montluçon sont un réel fléau.

Philippe Bouvard : Qu'est-ce qu'on fume, là-bas ?

Jean Yanne : Le saumon.

Philippe Bouvard : Je me demande si j'en sortirai aujourd'hui, de Montluçon.

Olivier de Kersauson : C'est pas possible. Il faut demander à quelqu'un qui vous explique le chemin, d'ailleurs. Montluçon est très étendu. Sans plan, un étranger ne peut pas sortir de Montluçon.

Jean Yanne : Et Montluçon-Chantier, c'est de la merde ?

Cadeau d'adieu

Philippe Bouvard : Mme Verjelus demande : D'après la Bible, quel cadeau Dieu fit-Il à Adam et à Ève avant de les chasser du paradis ?

Jean Yanne : Une valise ?

Philippe Bouvard : Non.

Thierry Roland : Un peigne.

Philippe Bouvard : C'est dans la Bible, hein !

Jean Yanne : Oui, mais je l'ai pas lue depuis mardi, moi. Je rentre trop tard, et il y a trop de sollicitations télévisuelles. C'est pour ça que tous les soirs il devrait y avoir des trucs sur la Bible...

Philippe Bouvard : Cela dit, ne vous y fiez pas, la Bible est souvent plus osée que le porno, hein...

Jean Yanne : Mais bien sûr.

Philippe Bouvard : C'est un livre extrêmement osé. Alors Adam et Ève viennent d'avoir avec le Seigneur le contentieux que vous connaissez. Dieu a résolu de les mettre à la porte.

Jean Yanne : Oui : « T'as bouffé la pomme, c'est pas bien, t'as bu l'eau bénite, machin... » Qu'est-ce qu'Il leur offre ? Une poêle. Pour faire du boudin aux pommes...

Thierry Roland : C'est un objet ?

Philippe Bouvard : Il leur offre un accessoire.

Olivier de Kersauson : Une caméra ?

Philippe Bouvard : Non. Il faut dire qu'en croquant la pomme...

Jean Yanne : C'est nul... Excusez-moi, c'est nullissime. Je peux plus supporter cette histoire de... Un mec et une gonzesse qui sont tout seuls, et l'autre, Dieu : « Casse-toi, cassez-vous », et ils s'en vont. Qu'est-ce qu'ils vont faire? Ils vont forniquer comme des vaches, ils vont avoir des enfants qui vont se mettre entre eux, parce qu'il y a pas d'autre… Il faut trouver autre chose que ça, c'est périmé!

Philippe Bouvard : Je vous rappelle quand même, et c'est le texte saint qui le précise, qu'en croquant la pomme de la connaissance, Adam et Ève ont pris conscience de quelque chose…

Jean Yanne : Qu'est-ce qu'Il leur a donné? Déjà il boitait : il avait une côte en moins, le mec, il était malade.

Thierry Roland : Il leur a donné à boire.

Jean Yanne : Les pauvres gens! On vire pas un mec malade tout de suite après une opération de la côte! C'est un truc de fou! Il dort peinard, le mec, Il lui arrache une côte, Il lui file une grognasse qui le fait chier et qui bouffe sa pomme et tout! C'est un truc de marteau, ça! Non, mais il faut lutter contre ces trucs à la con.

Philippe Bouvard : Revenons, si vous voulez bien au début…

Jean Yanne : Bon, d'accord! Je me tais! Si vous voulez que je me taise…

Philippe Bouvard : Bon, Dieu, Il est pas mauvais cheval.

Jean Yanne : Qu'est-ce qu'Il a fait? Il les met à la porte, Il s'en occupe plus, rien du tout et tout! Alors! Qu'est-ce qu'Il fout? Il crée. Et Il crée que des trucs hallucinants! Moi, le Créateur, je doute de Sa santé mentale. Est-ce que vous trouvez normal un mec qui crée un homard? Ça vous viendrait à l'idée de créer un homard? Celui-là, Il dit : « Tiens, je vais faire un animal… » Bon, Il fait un petit mouton, ça va, c'est joli, un petit chien, je sais pas quoi, un truc, à la rigueur un poisson… Mais un homard! Et allez : « Je vais lui mettre des pinces, je vais lui mettre des antennes… » Pour inventer l'huître, il faut être fou à lier!

Philippe Bouvard : On ne va pas faire le procès de la Création.

Jean Yanne : Bien obligé ! Y a personne qui l'fait, j'suis bien obligé !...

Philippe Bouvard : Est-ce que l'homme est plus réussi que le homard ?

Jean Yanne : Ben, Il a voulu se rattraper, alors Il a dit : « Bon, je vais créer un mec qui bouffe les homards. »

Thierry Roland : C'est vrai que c'est un peu con de faire le homard ! *A priori*...

Jean Yanne : C'est pas normal. Et tout le monde est en train de se dire : « Un jour, il va y avoir les types d'une autre planète, qui vont venir avec des drôles de têtes... » Mais mettez-vous à la place des Martiens s'ils ont le malheur de tomber sur une plage où le premier mec qu'ils voient, c'est un homard, ils vont se tirer, hein ! *(Gong.)* Oh, quelle horreur !

Philippe Bouvard : C'est bien, ça nous coûte 1 000 francs, qui vont aller à Mme Verjelus, qui pourra ainsi...

Jean Yanne : ... changer de nom ?

Philippe Bouvard : ... faire les démarches quand on est handicapé patronymique, car...

Jean Yanne : On devrait décompter du temps, parce que c'est pas normal, là. Le temps du commentaire devrait être défalqué du temps de la recherche.

Philippe Bouvard : C'est vrai.

Jean Yanne : Vous les avez, madame Verjelus, vos 1 000 balles ! Maintenant, on va garder le même sujet, mais gratuit.

Philippe Bouvard : Ève a croqué la pomme. Bon. Elle a écouté le chant du serpent. Dieu est furieux. Et Il leur dit donc, à tous les deux : « Vous allez être chassés du paradis. » Mais comme le fait d'avoir approché l'arbre de la connaissance les a aidés à prendre conscience qu'ils étaient nus ! ils ne le savaient pas...

Thierry Roland : Il leur file un vêtement de ville !

Philippe Bouvard : Eh oui ! Il leur donne un vêtement de peau.

Thierry Roland : Ça, c'est magnifique ! Et un fusil à pompe.

Philippe Bouvard : Des vêtements de peau. De peau de quoi, je sais pas.

Jean Yanne : Mais c'est ridicule ! Ils sont que tous les deux, mari et femme, et tout : pourquoi voulez-vous qu'ils aient un manteau ?

Philippe Bouvard : Parce qu'il y a des homards… Et ils ne peuvent pas se montrer nus devant les autres… devant les animaux, par exemple.

Jean Yanne : Mais ils s'en foutent, les animaux, ils sont dans les prés ! Moi, je peux vous garantir que vous allez pas souvent à la campagne ! Ils s'en foutent pas mal que vous vous titilliez le machin comme vous avez dit tout à l'heure, comment ça s'appelle…

Philippe Bouvard : Le quoi ?

Jean Yanne : Je sais plus, un truc que vous nous avez dit. Un truc porno, comme d'habitude. Un machin dégueulasse.

Patrick Sébastien : Si Dieu écoute RTL, Il doit se désespérer…

Jean Yanne : Il écoute tous les jours. Tous les jours, les mecs sont sur leur nuage, avec leur petit transistor, et ils écoutent nos conneries.

La mort du pape

Philippe Bouvard : Question de Mme Varin : Quelles sont les trois choses que doit faire le camerlingue lorsque le pape est mort ? C'est le chambellan du Vatican, le grand maître…

Jean Yanne : Déjà, il sort le…

Olivier de Kersauson : … le protocole…

Jean Yanne : … la bombe antimouches. Il vaporise.

Olivier de Kersauson : Un coup de Baygon.

Jean Yanne : Il lui colle un coup de maillet pour voir s'il est pas mouru ?

Philippe Bouvard : Il le frappe trois fois avec un marteau d'argent !

Jean Yanne : Donc il l'achève.

Olivier de Kersauson : Il l'achève, ouais. À coups de massue.

Guy Montagné : On n'est jamais trop prudent. Vlan !

Philippe Bouvard : Mais non ! Il est simplement question de s'assurer de la réalité du décès.

Patrick Sébastien : Y a pas autre chose qu'un marteau pour s'assurer de la réalité du décès ?

Olivier de Kersauson : On pourrait lui chatouiller les pieds, pour voir s'il rigole ?

Patrick Sébastien : Y a un marteau spécial ?

Philippe Bouvard : Oui.

Jean Yanne : Pour s'assurer, le mec avec le marteau… Le pape… Et vlan ! Comme les trucs, vous savez, le mec, il tape à la fête foraine…

Patrick Sébastien : Pour voir si les boules remontent…

Philippe Bouvard : Vous voyez : je crois que j'aurais pas dû vous poser cette question. C'était pour rétablir un peu la culture, mais... Bon, attendez : puisqu'on y est, allons au bout.

Jean Yanne : Alors allons-y.

Philippe Bouvard : Avant de le frapper trois fois d'un marteau d'argent...

Guy Montagné : Il lui fout un coup de poing.

Philippe Bouvard : Non. Il lui fait quelque chose d'abord.

Jean Yanne : Il lui parle dans l'oreille et il lui dit quelque chose. Il lui demande quelque chose.

Philippe Bouvard : Non, non. On avertit le camerlingue, qui d'ailleurs, plus tard, organisera le conclave. Il entre dans la chambre.

Jean Yanne : Il fait disparaître les preuves ?

Philippe Bouvard : Il entre dans la chambre du Saint-Père, suivi par les dignitaires de la curie...

Jean Yanne : De la curée, de la curée...

Philippe Bouvard : Son premier soin, c'est de ?

Olivier de Kersauson : Aérer.

Philippe Bouvard : Mais non !

Guy Montagné : Éteindre la télé pour qu'on voie pas qu'il s'est endormi devant Canal...

Jean Yanne : Il lui ferait pas du bouche-à-bouche quand même ?!

Olivier de Kersauson : Ah ! Il lui fait les poches. Il lui enlève les dents en or.

Philippe Bouvard : Le camerlingue est quelqu'un de méthodique, de prudent.

Guy Montagné : L'anneau : il lui enlève l'anneau.

Philippe Bouvard : Non, non.

Jean Yanne : Il lui pique la carte bleue.

Philippe Bouvard : Il s'assure que...

Olivier de Kersauson : Y a plus d'argent sous le matelas ?
Jean Yanne : Qu'il est mort !
Philippe Bouvard : Non. Ça, ça viendra après.
Patrick Sébastien : Qu'il y a pas d'objets de valeur sur lui.
Philippe Bouvard : Non, non. Il vient d'entrer dans la chambre. On lui a dit : « Le pape est mort. »
Jean Yanne : Qu'il y a personne dans la chambre.
Philippe Bouvard : Non ! Il voit un corps dans le lit, il s'approche...
Jean Yanne – Olivier de Kersauson : Que c'est bien le pape.
Philippe Bouvard : Mais oui, voilà ! Il est méfiant !
Jean Yanne : Que c'est pas un sous-pape !
Guy Montagné : Des fois que ce soit un...
Jean Yanne : ... un faux pape.
Philippe Bouvard : Et après les trois coups de marteau...
Patrick Sébastien : Et là le rideau s'ouvre. Il tape les trois coups...
Jean Yanne : Et il annonce qu'il va alors en trouver un deuxième.
Philippe Bouvard : Non.
Patrick Sébastien : Il appelle un toubib ?
Philippe Bouvard : Pourquoi est-ce que vous voulez qu'il appelle un toubib ?
Guy Montagné : Mais il faut bien quelqu'un pour constater le décès.
Philippe Bouvard : Il y a déjà eu quelqu'un qui a constaté le décès. Puisque la nouvelle s'est répandue : « Le pape est mort. »
Jean Yanne : Il fait convoquer les cardinaux.
Philippe Bouvard : Pas tout de suite.
Jacques Mailhot : Il appelle sa femme, et il lui dit : « Votre mari est mort. »
Philippe Bouvard : Vous avez, monsieur Mailhot, commencé à évoquer la troisième partie du rituel.

Olivier de Kersauson : Il enlève son anneau, sa tiare...

Philippe Bouvard : Il lui enlève l'anneau papal, l'anneau de saint Pierre...

Jean Yanne : C'est toujours le même qui va à l'autre ?

Philippe Bouvard : Non. Qu'est-ce qu'il fait avec l'anneau de saint Pierre ?

Patrick Sébastien : Il le détruit ?

Olivier de Kersauson : Il le casse.

Philippe Bouvard : Il le casse. Il le détruit.

Jean Yanne : Avec le même marteau ?

Philippe Bouvard : Peut-être avec le marteau.

Jean Yanne : Il est pas idiot, quand même, le camerlingue, il a un marteau sous la main, il va quand même pas aller chercher un autre marteau ! Des fois, il l'enlève même pas, l'anneau : il tape un coup de marteau sur la main.

Philippe Bouvard : Il pourrait, hein ! Ça fait un peu saccage.

Jacques Mailhot : Moi, je croyais que c'est Danièle Gilbert qui récupérait les vieux anneaux...

Patrick Sébastien : Non mais tu vois la scène, quand même : un mec qui rentre : « Salut, c'est le pape, tiens, prends, bing ! tiens, bing ! la bague... »

Philippe Bouvard : C'est une bonne réponse qui est impeccable sur le plan de l'exactitude culturelle. Sur le plan de la religiosité, j'en dirais pas autant. Et elle est collégiale masculine.

Le cadeau de Charlemagne

Philippe Bouvard : En l'an 807, quel cadeau le calife de Bagdad fit-il envoyer à Charlemagne ?

Jean Yanne : Une coupe. Une coupe qui avait un secret : elle s'appelait la coupe du calife de Bagdad. Il lui a envoyé et Charlemagne avait ses trois fils, qui s'appelaient Clodomir, Clotaire et Maurice… Et quand la coupe est arrivée, Charlemagne a réuni ses enfants. Il leur a dit : « Je vais vous donner le secret de la coupe du calife de Bagdad. Quand vous boirez dans cette coupe, buvez toujours du côté qui est vers vous. » Alors les enfants ont dit : « Pourquoi ? » Il a dit : « Parce que si vous buvez de l'autre côté, vous allez tout vous foutre sur la gueule ! »

Philippe Bouvard : C'est une belle histoire que je vous remercie de nous avoir rappelée.

Jean Yanne : Je vous en prie. Mais c'est parce que vous me posez une question : je réponds.

Philippe Bouvard : C'est pas tout à fait la réponse que j'attendais.

Patrick Sébastien : C'était pas une épée ?

Philippe Bouvard : Non.

Jean Yanne : Eh ben, la croix de quelque chose, du Jésus quelconque…

Philippe Bouvard : Non.

Thierry Roland : Ça a rapport avec la religion ?

Philippe Bouvard : Ça a un rapport avec Jésus-Christ.

Isabelle Mergault : La couronne ? La couronne ?

Jean Yanne : Si c'est pas la croix, si c'est pas la couronne d'épines...

Philippe Bouvard : C'est pas la couronne d'épines.

Jean Yanne : Des babouches.

Philippe Bouvard : C'est pas des babouches. Vous avez une vision de la passion très moderne. Mais faut dire que vous avez tourné dans un film qui la retraçait.

Jean Yanne : Oui, mais là justement. Je veux dire Jésus-Christ, c'est fastoche, y a pas beaucoup de choses...

Thierry Roland : Son cercueil ?

Philippe Bouvard : C'est pas le cercueil, mais on se rapproche.

Patrick Sébastien : La pierre tombale ?

Philippe Bouvard : On se rapproche de plus en plus. Quelque chose de symbolique, car...

Jean Yanne : Et pourquoi il avait ça, lui, le calife de Bagdad ?

Philippe Bouvard : Eh bien, parce que... je sais pas, moi. Il avait échangé un cheval...

Jean Yanne : Attendez : il était pas en Israël, il était pas en Palestine, il était à Bagdad...

Thierry Roland : Il avait dû l'acheter...

Philippe Bouvard : Il avait été en voyage en Palestine...

Thierry Roland : Ouais, et il l'avait ramené...

Philippe Bouvard : ... et on lui avait peut-être offert à lui. Et il a pensé que Charlemagne en serait un...

Jean Yanne : Il a dit : « Ça serait mieux chez Charlemagne, moi j'en ai rien à foutre ! »

Thierry Roland : C'est en pierre ?

Philippe Bouvard : Je crois que c'est du bronze.

Jean Yanne : Un candélabre.

Thierry Roland : La porte du caveau.

Philippe Bouvard : Pas la porte du caveau, mais...

Patrick Sébastien : La clef ? La clef ?

Philippe Bouvard : Les clefs ! Les clefs, les clefs du Saint-Sépulcre ! Mais oui. Bonne réponse de Patrick Sébastien ! Les clefs du Saint-Sépulcre. Avouez que c'est un beau cadeau, hein !

Jean Yanne : Alors là, vous m'excuserez, mais je suis sceptique, moi. D'abord parce qu'il y a pas de porte : le Saint-Sépulcre, c'est une pierre, puisqu'on nous dit tout le temps : « La pierre a été déplacée... » Vous confondez pas avec les machins japonais, où on peut dormir dans les aéroports, là ?...

Isabelle Mergault : C'est vrai ça, y avait pas de porte puisque...

Philippe Bouvard : Bon, mais de toute façon, il est pas dans son sépulcre, Jésus, donc c'est purement symbolique.

Jean Yanne : Donc la clef, on s'en fout. C'est vrai que honnêtement le calife, qu'est-ce que vous voulez qu'il en foute des clefs ? Je vais envoyer ça à l'autre abruti, là...

Isabelle Mergault : Pourquoi les clefs ? Pourquoi ? Y avait plusieurs verrous ?

Jean Yanne : Y a une serrure trois points.

Patrick Sébastien : Y avait une caméra de surveillance...

Jean Yanne : C'est extraordinaire comme la vie est une chose formidable, parce qu'on vient, on s'connaît, on s'fréquente, on s'aime, on s'en va, on r'vient, et rien n'a changé, c'est toujours aussi vaseux, c'est toujours aussi incertain, c'est toujours : « Qui a fait ça ? », et quoi, machin... Mais ça n'a pas de sens, alors. Et j'en sais rien. Et après il nous engueule : mais on s'en fout, c'est pas ça !... Enfin, tous les jours, tous les jours, tous les jours, on en apprend avec Philippe. Sauf que ça s'est tout le temps passé il y a deux millions et demi d'années, et qu'on n'arrive pas à savoir ce qui s'est passé mardi dernier...

Pensées
et
répliques
5

La façon la plus rapide de retrouver une chose que vous avez perdue ? En racheter une !

•

Croyez-en mon expérience : dans les aéroports comme dans les supermarchés, c'est toujours la file la plus courte qui bouge le plus lentement.

•

Je crois à une intelligence extra-terrestre. La meilleure preuve, c'est qu'ils n'ont jamais essayé de nous contacter.

KERSAUSON
M'A DONNÉ
LE MEILLEUR
MOYEN D'ÉVITER
LE MAL DE MER
SUR UN BATEAU.
C'EST DE S'ASSEOIR
AU PIED D'UN CHÊNE.

La grande supériorité des ordinateurs sur l'être humain : ils ne font jamais de réunions !

On nous demande souvent, à nous les artistes, comment nous faisons pour séduire aussi facilement les demoiselles, car on sait qu'on a quand même une vie tumultueuse, n'est-ce pas ? Eh bien, c'est très simple, on va vous le dire, exceptionnellement : nous utilisons la méthode Gainsbourg. Serge Gainsbourg chante une chanson où il explique qu'on doit dire aux demoiselles : « Viens chez moi, petite, viens dans mon comic, faire des *pow*, des *blop*, des *shebam* et des *wizz.* » C'est une vieille méthode qu'utilisait autrefois Ouvrard, qui chantait : « Le lundi je fais comme ceci, le mardi je fais comme cela... » Eh bien, c'est la même chose mais avec le côté moderne de Gainsbourg. En 1900, quand on faisait la cour à une fille et qu'on lui disait : « Les senteurs délicieuses de votre nuque, ô Marie-Amélie ! et l'ambre de vos cheveux m'incitent à vous demander un baiser », on n'était pas sûr du résultat. Tandis que maintenant quand on s'approche d'une fille et qu'on lui dit : « Dis donc, petite, viens donc faire des *pow*, des *blop*, des *shebam* et des *wizz* », si elle n'a pas compris de quoi il s'agissait, c'est que c'est une andouille.

Conseils pour placer son argent

Je vous parle en confidence. Si vous êtes président-directeur général, si vous avez beaucoup de sous, vous avez des problèmes en ce moment pour passer la frontière. Mais il existe tout un tas de méthodes qui sont sournoises et intéressantes. Par exemple, les robes de Paco Rabanne : au lieu de faire faire à votre femme une robe en ferraille, faites-la faire en or. Les douaniers la montreront du doigt en se moquant : « R'garde la bonne femme ! Passez donc, madame », et hop, 3 kilos en Suisse ! La robe de Françoise Hardy aussi ! « Oh, madame Françoise, comme ça doit être fatigant de chanter avec ça sur le dos, passez donc ! » Allez, hop, 18 kilos à la banque !

Je vous donne un autre truc extraordinaire pour passer son argent à la frontière. Avec votre famille, le dimanche, faites le jeu scout dit « jeu de la cassette » : vous êtes six dans la famille et vous vous mettez trois contre trois. D'un côté, il y a le camp des musaraignes, de l'autre côté celui des tarentules. Vous vous mettez un petit foulard dans le dos et vous faites un grand jeu de piste avec des flèches par terre. Une équipe arrive et enfouit le trésor. Les autres suivent avec le fanion et hop là ! vous arrivez à la frontière en disant aux douaniers : « On fait un grand jeu de piste, ils ont caché une cassette là-bas, il faut qu'on la retrouve ! », lesquels répondent, attendris : « Ah bon, d'accord ! », et allons-y, les dollars, les francs suisses, tout ça, ça passe !! Il y a toujours un scout qui sommeille dans le douanier.

– SAVEZ-VOUS CE QUI SE PASSE TOUTES LES SOIXANTE SECONDES EN AFRIQUE ?

– UNE MINUTE ?

•

– La vie est courte et il vaut mieux en sourire.

– Tant qu'on a encore des dents !

•

– Je peux vous poser deux questions, Jean ?

– Mais bien sûr. Quelle est la seconde ?

– Il faut vivre chaque jour comme si c'était le dernier.
– Et un jour, vous finirez par avoir raison !

•

Léon Zitrone : J'ai une assurance-vie, mon épouse également !
Jean Yanne : C'est un jeu de patience, maintenant !

– Je ne me souviens même plus de ce que j'ai mangé hier.
– Si un jour vous voulez écrire vos mémoires, ça promet!

•

– Une femme au Japon prétend qu'elle est capable de connaître l'avenir d'un homme en couchant avec lui.
– Oui, elle a déjà prédit 32 cas d'herpès!

•

– Vous aimez ça, vous, les gens qui vous racontent leurs rêves?
– C'est un cauchemar!

SOMMEIL

Gérard Jugnot : Il vous faut combien d'heures de sommeil, vous, Léon ?
Léon Zitrone : Il me faut bien sept à huit heures par jour.
Jean Yanne : Et par nuit ?

Alice Sapritch : C'est pas facile de vivre seule. Le soir, par exemple, quand il fait froid dehors, qu'il fait nuit de bonne heure, vous vous faites un petit truc à manger, vous vous installez, et là, vous réalisez que vous avez oublié d'acheter du pain. Là, j'aimerais bien avoir un homme sous la main…

Jean Yanne : Pour l'engueuler parce qu'il a oublié d'acheter du pain ?

Un jour, j'ai vu un écriteau dans un bar:

« Ceux qui boivent pour oublier sont priés de payer d'avance, merci. »

– Savez-vous où a été inhumé Marcel Proust ?
– À l'église de la Madeleine ?

•

– La durée idéale de la sieste serait de 20 minutes.
– Oui, c'est parfait, ça permet d'en faire trois par heure !

– Vous prenez
l'apéritif, vous, Jean.
– Oui, par égard
pour ma femme.
– Comment cela ?
– Faut bien
lui laisser le temps
de mettre la table !

TEXTES

« Gloire aux genoux ! »

(Jean Yanne et Jacques Martin, assez solennels.)

Jean Yanne : Sylvain Poitrier est un compositeur qui n'a jamais été chanté, car jamais aucun producteur n'a laissé enregistrer une de ses chansons.
Jacques Martin : Seulement Sylvain Poitrier a su nous toucher, car d'une main tremblante il nous a tendu une chanson… et un chèque.
Jean Yanne : Et cette main tendue était si émouvante…
Jacques Martin : … et le chèque si important…
Jean Yanne : … que nous n'avons pas pu dire non. Nous allons donc vous chanter, de Sylvain Poitrier, « Gloire aux genoux ! ».

(Chanson interprétée en duo.)

« Gloire aux genoux, gloire aux genoux,
gloire aux genoux, gloire aux genoux !
On a chanté, du corps humain,
Les bras, les seins, les cheveux, les yeux,
les doigts, les mains,
Oui mais jamais on a chanté
Ce qui se trouve entre le buste et les doigts de pied
En ce beau jour du mois de janvier
Quand les bourgeons sous la neige vont s'élancer
D'un cœur vaillant unissons-nous
Pour glorifier les genoux.

Genoux! de la maman, qui consolent souvent
les pauvres cœurs d'enfants
Genoux! de l'ouvrier, qui chaque matin l'emmènent
gaiement à l'atelier
Genoux! du bon soldat qui pour garder la liberté marchent
au pas
Genoux, du monde entier, vivants symboles
de l'amour et de la beauté.

Genoux! du missionnaire, qui pour prier parfois
s'inclinent vers la terre
Genoux! du p'tit trottin qu'on suit de la Madeleine
à la porte Pantin
Genoux! du paysan qui font pousser la verte moisson dans
les champs
Genoux, du travailleur, nobles genoux rendus calleux
par le labeur.

L'appel unira le genre humain
La joie régnera sur la mappemonde
Quand tous les genoux du monde
Voudront se donner la main *(bis)*. »

La Sacem

Interpellé par Jean Yanne, Claude Nougaro le rejoint.

Jean Yanne : J'aime bien ce que tu fais !

Claude Nougaro : C'est chic de me dire ça.

Jean Yanne : Oui, mais c'est pas tellement tes paroles qui me plaisent, je ne trouve pas ça formidable ; ni, dans le fond, la façon dont tu chantes ni même ta voix... Moi, ce que j'aime en toi et ce que j'admire, c'est que tu apprends les chansons par cœur.

Claude Nougaro : Tu ne les apprends pas par cœur, toi ?

Jean Yanne : Non, parce que maintenant les chansons marchent bien deux mois et puis après les gens sont fatigués, ils ne veulent plus les entendre. Ça vaut vraiment pas le coup de les apprendre ; moi, je les écris sur des bouts de papier que je mets à mes pieds, ici ou là... Il faut bien démystifier un peu la chanson et expliquer aux gens ce qui se passe. Par exemple, les gens se demandent toujours si les auteurs et les compositeurs gagnent vraiment beaucoup d'argent. Eh oui, on nous voit sortir des cabarets, manger du caviar à la louche, avoir trois ou quatre voitures américaines, posséder une île à Capri, un bateau en rade de quai... Tu as toujours tes trois maisons sur la Côte d'Azur ?

Claude Nougaro : Bien sûr, bien sûr, mais j'ai mon hôtel particulier à Paris aussi...

Jean Yanne : Ah oui ! mais je ne parle pas de ça, ça, c'est pour tes domestiques quand ils redescendent à Paris avec ton avion !

Claude Nougaro : Oui, c'est ça.

Jean Yanne : Alors les gens se disent : « Mais comment font-ils pour gagner tout cet argent ? » Il faudrait leur dire, leur expliquer ce que c'est que... la Sacem.

Effectivement, nous les auteurs-compositeurs, nous gagnons énormément d'argent et ceci grâce à un organisme qui fonctionne à merveille et qui s'appelle la Société des auteurs et des compositeurs de musique. Chaque fois qu'une chanson est chantée dans un établissement public, la Société des auteurs perçoit une certaine somme qu'elle répartit quelques mois plus tard entre les divers auteurs et divers compositeurs après avoir prélevé 98,5 % environ. Ce qui fait que chaque fois qu'une chanson est chantée quelque part, elle rapporte à son auteur environ 12 francs ; 12 francs anciens bien sûr, pas 12 francs nouveaux, il ne s'agit pas d'exagérer... Et ce soir, je crois que vous avez bien fait de ne pas braver les rigueurs de l'hiver pour aller dans les boîtes de nuit ou les cabarets et de rester tranquillement chez vous à regarder la télévision, car vous allez assister à un événement assez considérable dans le domaine du spectacle, je n'ai pas peur de le dire. En effet, j'ai une voix lamentable – vous me direz que je ne suis pas le seul, mais la mienne est quand même particulièrement tartignole –, je m'accompagne à l'harmonium comme un cochon et je vais vous chanter ce soir une chanson dont les paroles sont particulièrement minables et la musique tout à fait imbécile. Et malgré ça, je vais gagner 12 francs devant vous ! Comme ça, vous verrez que ce n'est pas bien difficile et si vous avez besoin d'améliorer vos revenus, vous pourrez en faire autant chez vous ; vous prendrez un papier et un crayon et vous écrirez des chansons. N'importe qui peut en écrire et on gagne beaucoup d'argent, à condition de trouver un bon titre, car le titre est très important à notre époque. Par exemple, dans la chanson qui va suivre, je voulais avoir un titre qui frappe et qui plaise à tout le monde. J'ai donc cherché : il fallait que ce soit un peu culturel et que ça évoque la séparation dramatique d'un couple.

« Ne me quitte pas » était déjà pris, « Ne t'en va pas », c'était pas très joli, « Tu m'as fait mal avec ton coude » n'avait aucun rapport et finalement, un matin, éclair de génie, j'ai enfin trouvé un titre idéal : « Si tu t'en irais ».

(Jean Yanne au chant et à l'harmonium.)

« Si tu t'en irais
Si tu m'laisserais seul au monde,
Des fois qu't'aurais eu connu
Quelqu'un qu't'aimerais encore mieux...

Si tu t'en irais,
Si tu serais plus ma blonde,
Si des fois tu m'aimerais plus
Ah ! qu'est-ce que j'serais malheureux... »

(Interrompant la chanson :)

Six francs ! Vous voyez, j'ai à peine chanté pendant trente-cinq secondes et j'ai déjà gagné 6 francs. Ah, ah, vous voyez que c'est pas difficile ! Ah ! faut le faire, mais enfin c'est pas dur. Vous me direz que comparé aux salaires que touchent les gens qui exercent des professions libérales, avocats, médecins, chirurgiens, 6 francs de la minute, ça fait pas beaucoup de l'heure, mais il ne faut pas oublier que cette chanson peut être chantée dans 20 000, 30 000 ou 40 000 établissements tous les soirs et 40 000 fois 6 francs, ça commence à faire de l'oseille !

Le juge

Jean Yanne, habillé en juge, parodie la justice et le poème de Victor Hugo, «Après la bataille», retranscrit ci-après:

Après la bataille

Mon père, ce héros au sourire si doux,
Suivi d'un seul housard qu'il aimait entre tous
Pour sa grande bravoure et pour sa haute taille,
Parcourait à cheval, le soir d'une bataille,
Le champ couvert de morts sur qui tombait la nuit.
Il lui sembla dans l'ombre entendre un faible bruit.
C'était un Espagnol de l'armée en déroute
Qui se traînait sanglant sur le bord de la route,
Râlant, brisé, livide, et mort plus qu'à moitié.
Et qui disait: «À boire! à boire, par pitié!»
Mon père, ému, tendit à son housard fidèle
Une gourde de rhum qui pendait à sa selle,
Et dit: «Tiens, donne à boire à ce pauvre blessé.»
Tout à coup, au moment où le housard baissé
Se penchait vers lui, l'homme, une espèce de maure,
Saisit un pistolet qu'il étreignait encore,
Et vise au front mon père en criant: «Caramba!»
Le coup passa si près que le chapeau tomba
Et que le cheval fit un écart en arrière.
«Donne-lui tout de même à boire», dit mon père.

Après avoir procédé à l'audition des témoins et entendu la plaidoirie de la défense, le tribunal ayant délibéré arrête ce qui suit:
Attendu qu'il a été de manière formelle que le nommé Mon père

agissant en présence de Housard qu'il aimait en fonction de certaines considérations que le tribunal n'a pas à connaître et notamment pour sa grande bravoure et sa haute taille ;
Attendu que le délit a été commis sur un champ couvert de morts sur qui, au dire des témoins, tombait la nuit ;
Attendu qu'alerté par les cris d'un sujet espagnol non identifié qui selon le rapport des experts se traînait sanglant sur le bord de la route en réclamant à boire et que la tentative d'homicide volontaire ne peut être retenue du fait que seuls le chapeau et le cheval ont eu à souffrir de l'intervention de l'Espagnol, condamne le nommé Mon père :
Premièrement, pour avoir circulé la nuit sur un champ couvert de morts sans éclairage, lanterne ou cataphote risquant ainsi de provoquer de nouveaux accidents ; item le condamne pour avoir contrevenu à la loi sur l'immigration en ne signalant pas aux autorités la présence sur le territoire français d'un Espagnol ne possédant pas de permis de travail ; item le condamne pour non-assistance à personne en danger en n'avisant pas les services de la prévention routière qu'un blessé se traînait sanglant sur le bord de la route ; item le condamne pour infraction au contrôle économique et à la loi sur les spiritueux puisqu'il transportait une goutte de rhum qui pendait à sa selle sans congé ni autorisation émanant des services de la régie ; item le condamne pour avoir faussé l'enquête en faisant absorber de l'alcool à un blessé de la route avant qu'il soit procédé à la prise de sang et à l'utilisation de l'alcootest prévu par le code ; en outre défère le prévenu devant le tribunal militaire pour avoir modifié la destination des effets du paquetage, la gourde remise lors de l'incorporation n'étant pas destinée à contenir de l'alcool et pour modification arbitraire de l'uniforme, les officiers de cavalerie n'étant pas autorisés à porter un chapeau mais un képi réglementaire. Par ces motifs, le tribunal afin que nul n'en ignore et en dernier ressort condamne le nommé Mon père, assisté de l'avocat Victor Hugo, à trente-cinq ans de prison...

Le Corbeau et le Renard

Je souhaite revenir sur Jean de La Fontaine, qui est un poète admirable, mais qui, finalement, raconte des histoires qui NE PEUVENT PAS SE PASSER ! Tout cela n'est pas vrai. D'abord, parce que le héron est un animal extrêmement sympathique, ensuite parce qu'une grenouille qui se fait aussi grosse qu'un bœuf, c'est complètement impossible. Et enfin, il faut faire très vite le point sur cette histoire du corbeau et du renard, et si vous le permettez, je voudrais rétablir la vérité sur ce qui s'est réellement passé entre eux :

Maître Corbeau, sur un arbre perché, tenait en son bec un fromage.

Maître Renard, par l'odeur alléché, lui tint à peu près ce langage :

« Oh là, monsieur du Corbeau !

– Te fatigue pas, dit le corbeau, j'aime pas l'fromage ; alors c'est pas la peine de m'faire du baratin en me disant que j'ai une belle voix, que j'ai des belles plumes, etc. Si c'est après mon livarot qu't'en as, le voilà et bon appétit ! »

Là-d'ssus, il ouvre un large bec et laisse tomber sa proie.

Le renard s'en saisit et le v'là bien embêté parce qu'il n'aime pas le fromage non plus. Effectivement, on n'a jamais vu un renard manger du fromage.

Comme il ne veut pas avoir l'air ridicule, il fait quand même semblant d'être intéressé. Alors j'te grignote un bout de croûte, j'te suçote un coin de pâte, il chipote, quoi...

Le corbeau s'en aperçoit. Il descend de son arbre, s'approche du renard et lui dit :

« Tu vois, hein !? Tu fais l'malin ! C'est moi le renard, et j'suis le plus rusé et j'suis le plus fort et je la ramène sans arrêt ! Tu voulais me posséder, hein ? Tu voulais me piquer mon fromage ? Bon ben, tu l'as maintenant et t'aimes pas ça, alors à quoi qu'ça t'a servi ?

– Ça m'a servi, dit le renard, qu'avec cette histoire, tu es descendu de ton arbre et maintenant j'vais t'bouffer ! »

Là-dessus, il saute sur le corbeau et il le boulotte.

Moralité : dans un repas, si vous n'aimez pas les hors-d'œuvre, vous pouvez toujours vous rattraper sur le plat de viande.

La famine

Daniel Prévost : Je ne supporte plus ces images de gosses affamés, et moi qui bouffe, qui bouffe trois, quatre, cinq fois par jour !

Jean Yanne : Ah ! Six fois, moi ! Sans compter la boisson. Mais ça, tout le monde s'en fout. Hein ?! La télé, elle vient jamais filmer mon foie ni mon cœur ! Y en a que pour les hindous et le Sahel ! Et pourtant vot' cœur qui ressemble à une grosse masse de saindoux jaunâtre, il pourrait bien passer de temps en temps au journal télé ! Il est dans un plus mauvais état que le Bangladesh, vot' cœur ! Sans compter les intestins, pollués par les crustacés, le bordeaux, les truffes ! Et j'parle pas du foie gras, hein ! Le foie gras, c'est pire que le napalm ; ça fait exploser les artères comme à Beyrouth. Mais ça, on n'en parle pas à Médecins sans frontières... Pourtant, ils pourraient venir les voir aussi, nos artères, Médecins sans frontières ! Y a pas de frontières sur nos guibolles !! Et mes poumons à moi ! À qui ça file le bourdon, mes poumons ? À personne. Pourtant, deux éponges en goudron, ça pourrait émouvoir, non ? Alors excusez-moi, mais vos p'tits gniards maigrelets qui meurent en étant propres comme des haricots secs, hein, laissez-moi rigoler ! Seulement nous évidemment, nous les riches, les gros, tout le monde s'en fout de notre merde... Nous, y a pas de reportage ni de quête. Nous, monsieur, on a que les palaces ! Alors c'est pas énorme, compte tenu de l'état dans lequel on est !

La police

Jean Yanne interviewe Daniel Prévost qui endosse le rôle d'un fonctionnaire de police.

Jean Yanne : M. Borné-L'Obtus est fonctionnaire de la préfecture de police. J'écorche pas votre nom, c'est bien ça ?

Daniel Prévost : Non. Je précise simplement que Borné est mon prénom.

Jean Yanne : Ah, vous vous appelez L'Obtus ! Je croyais que vous vous appeliez Borné-L'Obtus avec un trait d'union.

Daniel Prévost : Non, non, il y a une branche cadette...

Jean Yanne : C'est vrai qu'il n'y a pas de trait d'union dans la police. Donc, monsieur Borné L'Obtus, vous êtes responsable du nouveau plan pour la protection de la population.

Daniel Prévost : C'est cela, oui.

Jean Yanne : Alors on reproche toujours à la police de ne pas faire son travail, on dit : « Ah ben, ils font rien qu'à nous embêter ! », des trucs comme ça, mais maintenant vous avez un plan pour protéger le citoyen.

Daniel Prévost : C'est ça, le plan est déjà au point, les crédits sont votés, de ce côté-là, ça va.

Jean Yanne : Très bien. Pouvez-vous nous parler de ce plan ? Vous savez qu'il existe un grand problème, c'est celui des agressions. Agressions nocturnes, par exemple, contre des femmes seules. Il y a en effet de plus en plus de dames qui travaillent comme caissières ou comme ouvreuses, qui rentrent tard le soir et qui se font agresser dans la rue. Que compte faire la police contre cela ?

Daniel Prévost : Eh bien, écoutez. Tout d'abord, nous allons être très stricts et nous allons faire respecter de façon impitoyable la limitation de vitesse à 60 kilomètres/heure sur le boulevard périphérique !

Jean Yanne : C'est une bonne chose, mais enfin il n'y a pas que cela. Il existe aussi des vieillards malheureux qui n'ont pas de ressources et qui sont pourtant victimes de gens qui profitent de la situation, qui s'introduisent chez eux, qui les battent et qui les volent. Alors, que compte faire la police pour protéger nos vieillards ?

Daniel Prévost : Eh bien, écoutez. Tout d'abord, les forces de police vont être renforcées, n'est-ce pas ? Des agents courageux, bien entraînés vont ceinturer l'agglomération parisienne, des barrages vont être établis un peu partout et je ne conseille pas aux petites crapules qui sévissent la nuit de dépasser les 60 kilomètres/heure sur le boulevard périphérique !

Jean Yanne : Bien. Mais alors, monsieur Borné L'Obtus, nous avons vu le problème des femmes seules, des vieillards, et il y a maintenant celui des petits enfants dans le jour qui sont attaqués, à l'école, par d'odieux personnages. La police n'est jamais là, alors, que compte-t-elle faire pour protéger nos enfants ?

Daniel Prévost : Je vais vous dire d'abord une chose. Dans la police, il n'y a pas de jour et pas de nuit. Vingt-quatre heures sur vingt-quatre, la vigilance est notre unique loi. Le jour aussi, nous sommes prêts, et si jamais y en a un qui dépasse les 60 kilomètres/heure sur le périphérique... ! D'autre part, je voudrais vous dire qu'il y a quand même des agressions qui se passent surtout en banlieue, alors nous allons resserrer la surveillance aux portes de Paris. Nos équipes de policiers loyaux et intègres vont être sur les dents et je crois, je crois, que pas mal de petits salopards n'échapperont pas à leur vigilance... s'ils dépassent la nuit les 60 kilomètres/heure sur le périphérique, naturellement !

Jean Yanne : Oui, oui. On est bien obligés aussi d'évoquer le problème de la drogue, de la jeunesse. De plus en plus, des jeunes sont victimes de ce poison, alors, que compte faire la police pour protéger nos jeunes gens ?

Daniel Prévost : Eh bien, écoutez. Notre tâche consiste aussi à sauvegarder la jeunesse et nous allons nous y employer. D'ailleurs, parfois, nous serons très sévères. Par exemple, vous prenez un jeune homme, un jeune garçon de 18 ans. Eh bien, même, même s'il est désaxé, même s'il est désorienté par cette société de consommation comme il l'appelle et bien qu'il s'amuse à dépasser les 60 kilomètres/heure sur le boulevard périphérique, et j'aime autant vous dire que ça fera mal !!

Jean Yanne : Une dernière chose dont j'aimerais parler, ce sont les grandes enquêtes. Il y a eu pas mal de grands scandales depuis l'affaire Ben Barka jusqu'à l'affaire Markovic. On en a beaucoup entendu parler, mais on n'a pas de résultat. Alors, où en sont les grandes enquêtes ?

Daniel Prévost : Bon, eh bien, je dois dire qu'en ce qui concerne l'affaire Markovic, il n'y a rien de nouveau. En revanche, en ce qui concerne la fusillade de la rue Fontaine, il n'y a rien de fait non plus. Mais pour ce qui est du double meurtre du café de la rue d'Alésia, alors là, l'enquête suit son cours... Il n'y a rien sur différentes affaires de vol à main armée, de crimes, d'assassinats, là, je le reconnais, nous piétinons. Cependant, je voudrais attirer votre attention sur le fait suivant : cette semaine, rien que cette semaine, nous avons arrêté plus de 4 000 personnes. Tous ces gens étaient des pères de famille, des ouvriers, des honnêtes gens, des commerçants, des gens dont on ne se serait pas méfié au premier abord, qui semblaient honorables, eh bien, tous ces gens que nous avons bousculés un petit peu, je le reconnais, tous ces gens que nous avons interpellés roulaient à plus de 60 kilomètres/heure sur le boulevard périphérique !! Alors tout de même !!!

Jean Yanne, en compagnie de Daniel Prévost et Maurice Vamby, présente un nouveau livre proposant différentes idées pour écrire une lettre

Jean Yanne : On ne va pas se priver de faire un peu de publicité. Notre camarade Daniel a écrit un livre. Comme je suis un peu dans le secret, je dirais qu'il s'agit d'une sorte de manuel du parfait secrétaire. C'est ça ?

Maurice Vamby : C'est, je cite, « la complémentarité formelle au principe secrétarial ».

Jean Yanne : Mais il en existe beaucoup quand même des livres où on explique comment écrire à un préfet, au pape, au président de la République...

Daniel Prévost : Non mais attention, ce ne sont pas des modèles de lettres, ce sont des SUJETS de lettres. On parle toujours de lettres à un percepteur, lettres à un magistrat, etc., alors moi j'ai cherché d'autres choses.

Jean Yanne : Donne-nous des exemples, alors.

Daniel Prévost : Eh bien, par exemple : « Lettre à un CRS pour s'excuser de lui avoir lancé un pavé en pleine poire ».

Jean Yanne : Oui, mais c'est une idée qui ne viendrait à personne d'écrire pour s'excuser... mais enfin ça peut arriver.

Daniel Prévost : J'en ai une autre si vous voulez : « Lettre d'un

CRS à un étudiant pour s'excuser de lui avoir envoyé des gaz lacrymogènes».

Jean Yanne : Mais il faudrait encore qu'il sache écrire.

Daniel Prévost : C'est vrai, mais il peut se la faire écrire par un supérieur. J'ai aussi : «Lettre adressée à un président-directeur général après le dîner annuel du comité d'entreprise dans le cas où on lui a renversé un bol de mayonnaise sur le plastron en disant : "On les engraisse pas à l'eau claire" ».

Jean Yanne : C'est pas très ordonné tout ça, c'est écrit comme ça vient... Mais il y a quand même des rubriques plus formelles, plus particulières. Par exemple, je vois ici des suggestions pour écrire à des pédicures : «Lettre d'un monsieur demandant rendez-vous à un pédicure chinois» ; «Lettre d'un Chinois demandant rendez-vous à un pédicure» ; «Lettre d'un pédicure répondant à un monsieur qui lui a demandé un rendez-vous pour dire qu'il n'est pas chinois».

Daniel Prévost : Eh oui, ça peut arriver, ça !

Jean Yanne : Oui, évidemment. Je poursuis : «Lettre d'un Chinois répondant à un monsieur qui lui a demandé un rendez-vous pour dire qu'il n'est pas pédicure».

Daniel Prévost : Oui, ça m'est arrivé.

Jean Yanne : Ah oui... Alors maintenant il y a : «Lettre d'un pédicure adressée à un Chinois pour lui demander pourquoi il n'est pas pédicure» ; «Lettre d'un monsieur s'excusant de n'être ni pédicure ni chinois» ; «Lettre d'un Chinois à un autre Chinois pour lui demander un rendez-vous».

Daniel Prévost : Oui, ça, c'est un peu particulier...

Jean Yanne : Alors ensuite : «Lettre d'un pédicure à un autre pédicure pour lui demander un Chinois».

Daniel Prévost : Oui, parce qu'il manque de pieds.

Jean Yanne : Ah oui, c'est ça ! Prêtez-moi un Chinois, pédicure ou non… On poursuit : « Lettre d'un monsieur ayant reçu la lettre d'un pédicure pour dire qu'il ne comprend pas le chinois ».

Maurice Vamby : Ah oui, ça, c'est très utile !

Daniel Prévost : Oh ! mais tu sais, j'ai beaucoup creusé le sujet…

Jean Yanne : D'autres exemples de lettres : « Lettre d'un unijambiste écrivant à un pédicure chinois pour demander demi-tarif » ; « Réponse du pédicure chinois disant qu'il ne peut pas faire demi-tarif car il est manchot ». Ah oui, tout cela va de soi…

Discours de Jean Yanne
qui reçoit le prix Moutarde, remis par l'Association des journalistes de la Côte-d'Or

Je voulais ne pas venir seul, mais venir ici en compagnie de certains camarades qui, je le sais, aiment beaucoup la moutarde et qui m'accompagnent chaque fois que j'ai une récompense ou un honneur. Malheureusement, ils n'ont pas pu venir, mais en arrivant à l'hôtel ici, j'ai trouvé un certain nombre de télégrammes envoyés par tous ces amis. Je voudrais vous les lire, simplement pour vous montrer qu'il y a des gens qui pensent à la moutarde un peu partout dans le monde.

Le premier :

« De tout cœur avec vous. »

Professeur Barnard

Le second :

« Impossible venir Dijon mais suivre votre manifestation d'un œil attendri. »

Moshe Dayan

Le troisième :

« Impossiblum quittare Vaticanus per assistare cérémoniam moutardem Dijonus. Adressam benedictionem apostolicum et badigeonam saucissum con moutardus symbolicum. »

Paul VI

Un autre très attendrissant :

« Dans le cadre de la révolution culturelle, au nom de son grand dirigeant, le très estimé et très respecté président Mao, chef incontesté des masses laborieuses et détenteur de la pensée marxiste-léniniste, adressons message de sympathie aux travailleurs de la moutarde, symbole de la pensée révolutionnaire qui abattra comme un tigre de papier l'impérialisme et le révisionnisme pourri. »

Président Lin Piao,
proche compagnon d'armes du président Mao,
147, avenue du Riz-Précuit à Pékin, 16e

Et le dernier qui est peut-être encore un peu plus attendrissant que les autres parce qu'il vient d'un homme qui est loin en ce moment et qui a quand même tenu à nous envoyer ce message :

« Moi y en a content. Moi y en a pas pouvoir venir Dijon assister prix Moutarde. Moi y en a occupé mais content et de tout cœur avec vous. »

Michel Debré, député de la Réunion

La vérité sur le twist

Jean Yanne : Ben Hur
Jacques Martin : Twistus

Le narrateur *(voix off)* : *Sur la mer Méditerranée, seize ans et trois mois avant Jésus-Christ, une galère avance lentement.*

Le centurion : Ramez, ramez, ramez, ramez, ramez, ramez, ramez, ramez... allons, plus vite que ça, bande de fainéants, sinon vous allez connaître le bout de mon bâton !

Ben Hur : Oh, eh ! Ça va comme ça, hein !

Les galériens : Oublie-nous ! Tu nous fatigues, Albert !

Le centurion : Qu'est-ce qu'il y a ? On rouspète ?

Ben Hur : Ouais, parfaitement, on rouspète ! C'est pas parce qu'on est des galériens qu'il faut nous traiter comme des forçats, non ?!!

Le centurion : Non mais dis donc, de quoi tu te mêles, toi, et qui tu es ?

Ben Hur : Ben Hur ! J'suis l'délégué du personnel ! Mes camarades et moi, on a décidé de débrayer si on n'a pas une double ration de choucroute les jours de grands vents ! Et puis on veut pas ramer plus de quarante heures par semaine !

Les galériens : Ouais !!!

(Le tribun arrive.)

Le centurion : Salut à toi, tribun Twistus.

Twistus : Ton salut t'est rendu, centurion. Que se passe-t-il ?

Le centurion : On a des ennuis avec le personnel, ils veulent se filer en grève.

Ben Hur : Ouais, parfaitement, on veut s'filer en grève ! On a droit aux droits sociaux !

(Les galériens se lèvent et brandissent des panneaux où l'on peut lire : « Non à la vignette », « Vive l'école laïque ! », « Parking pour tous », et crient leurs revendications dans un brouhaha : « Sécurité sociale ! », « On paie nos impôts », etc.)

Le narrateur *(voix off)* **:** *Vous le voyez, les choses n'allaient pas très bien seize ans et trois mois avant Jésus-Christ sur les galères romaines. Mais quel rapport cela a-t-il avec le twist ? Attendez un peu. Quelques jours plus tard, en vue des côtes grecques...*

Le centurion : Ramez, ramez, ramez, ramez, ramez, ramez, ramez, ramez... *(Ordres donnés au rythme de timbales frappant les deux temps.)*

Ben Hur : Oh ! Y en a marre, Albert, hein !! *(S'adressant à ses compagnons :)* Arrêtez de ramer !

Le centurion : Qu'est-ce qu'il y a ? On ne veut plus ramer ?

Ben Hur : Non, on veut plus ramer !

Le centurion : C'est encore toi, Ben Hur ! Et alors, pourquoi vous ne voulez plus ramer ?

Ben Hur : Parce qu'on a la rame !!! Ah, ah, ah, ah, ah ! *(Tous les galériens s'esclaffent...)*

Twistus : Assez !! Que se passe-t-il encore, centurion ?

Le centurion : C'est toujours Ben Hur, ô tribun Twistus. Il veut plus ramer.

Twistus : C'est vrai, Ben Hur ?

Ben Hur : Ouais, parfaitement ! On en a marre de la musique !

Twistus : De quelle musique ?

Ben Hur : De la musique qu'on nous joue pour nous faire ramer ! Le chef, y veut pas changer de disque !

Twistus : Et que voudrais-tu entendre ?

Ben Hur : Eh ben, quelque chose de rythmé, qui balance, quoi ! Un coup à gauche, un coup à droite, que ça nous donne envie d'faire avancer l'cannot !!

Twistus (se retournant vers le musicien) **:** Timbalier ! Joue-nous ta musique. *(Le timbalier s'exécute et joue simplement deux temps, deux sons.)* En effet, centurion, cette musique est mortelle. *(Se tournant à nouveau.)* Tu connais autre chose, timbalier ?

(Le timbalier sort deux baguettes et joue avec entrain une rythmique de twist.)

Ben Hur et les galériens : Ah ben, voilà, c'est bon, ça !

Twistus *(stoppant d'un geste de la main musique et manifestations de joie)* **:** À partir d'aujourd'hui, cette musique sera jouée sur toutes les galères de l'empire !! Par ordre du tribun Twistus !!! En route, messieurs !

(La musique et le travail reprennent, alors que le tribun et le centurion dansent le twist et que les galériens accompagnent leurs mouvements de rame par des « Yeah ! Yeah ! ».)

Le narrateur *(voix off)* **:** *Ainsi, c'est Ben Hur qui, grâce à son sens aigu des revendications sociales, lança cette musique allègre seize ans et trois mois avant Jésus-Christ. Cette musique nommée twistus en souvenir du tribun fut jouée pendant des siècles sur les galères.*

Jean Yanne,

lors d'une journée d'élections européennes, présente des statistiques sur l'Europe et livre des définitions de quelques mots européens...

J'ai accepté de vous lire quelques statistiques parce que ce jour est un grand jour : vous avez voté toute la journée et il faut que vous sachiez un peu où vous allez puisque vous savez que les frontières vont s'ouvrir, et la libre circulation des gens et des produits va s'accomplir.

Alors, évidemment, quand on lit les statistiques, on est tenté de faire des commentaires et des rapprochements. Par exemple, on lit que l'Irlande n'est en tête que pour trois choses : la rareté des postes de télévision, le plus haut taux de natalité et la meilleure place d'optimisme pour le futur. Par conséquent, on peut considérer que les gens aiment mieux faire des enfants que de regarder la télévision, ça coûte moins cher.

La France, évidemment, est le pays où l'essence est la plus chère. C'est aussi le pays où il y a le plus de vacances – c'est à peu près le seul avantage –, celui où la météorologie est la plus fausse, celui où il y a le plus de cafés au kilomètre carré *(rires dans la salle)* – vous pouvez rire, c'est chez vous quand même ! Imaginez les Européens qui nous écoutent ce soir et qui prennent conscience qu'on a que ça à leur offrir ! C'est aussi évidemment le pays où l'on consomme le plus de vin mais ça, je n'ai pas besoin de vous le dire.

Que peut-on dire encore ? Eh bien, par exemple, le pays où il y a le plus d'Anglais, c'est l'Angleterre...

LES MOTS DE L'EUROPE

Vous savez donc qu'à l'issue du vote d'aujourd'hui nous allons pouvoir circuler plus aisément dans les neuf pays européens. Évidemment, nous allons découvrir des choses que l'on ne connaissait pas jusqu'à maintenant et il est bon de se mettre dès maintenant au vocabulaire du Marché commun.

Qu'est-ce, par exemple, qu'un ***trousiquet*** ?

Un trousiquet est une chose belge. C'est un crayon gras permettant d'écrire, malgré l'humidité, sur les écailles des poissons plats, comme la sole ou la limande, ce qui permet au poissonnier belge de réaliser des bénéfices en économisant les ardoises. Le trousiquet va maintenant faire son apparition en France.

Du Luxembourg va venir, très probablement, le ***sibrouillon***. Qu'est-ce que le sibrouillon ? C'est un mécanisme luxembourgeois et ingénieux qui se fixe sur le manche des brosses à dents et qui est composé d'une poire et d'un réservoir à cirage, ce qui permet, tout en se brossant les dents, de faire tomber du cirage sur ses godasses et gagner ainsi un temps précieux le matin dans la salle de bains.

Il y a d'autres mots que vous ne comprendrez pas et qui nous viennent de l'Irlande. Par exemple, qu'est-ce qu'un ***craspawl*** irlandais ? Peu de gens le savent. C'est une sorte de grille à charbon de bois utilisée dans certaines chapelles de l'Irlande souvent isolées par la neige et permettant de transformer les fonts baptismaux en barbecue, pour alimenter les populations avant l'arrivée des secours. Le dispositif est très pratique pour faire cuire les brochettes et ce qui est très intéressant surtout, c'est que l'huile et le sel sont déjà sur place.

Nous avons d'autres choses qui nous viennent de Belgique. La Belgique ne peut pas vous surprendre, ça, c'est sûr. Par exemple, il y a le ***roupier***. C'est un dispositif belge permettant de réduire la longueur et la largeur d'une baignoire quand on veut seulement tremper le pouce.

J'ai un autre exemple qui vient des Pays-Bas et qui est tout à fait intéressant, à mon avis. Il s'agit d'un gant à un seul doigt très large qui sert à envelopper les pieds.

Le scandale du pourboire

Il n'est pas dans nos habitudes d'attaquer nos confrères de la presse écrite, et si bien souvent la légèreté avec laquelle certains quotidiens traitent l'actualité choque notre grand désir d'objectivité, nous sommes remplis d'indulgence à leur égard.
Mais un grand journal du soir vient d'entreprendre une campagne ignoble et révoltante, tendant à saboter une de nos plus grandes et plus nobles institutions, le pourboire.
Alors là, nous ne pouvons rester indifférents. Nous sommes obligés de réagir, et même de contre-attaquer.
Existe-t-il en effet, chose plus typiquement française, chose plus nationale entre toutes, que le « Pourliche », comme disent les gens du populaire ?

Charmante coutume, charmante joute de l'esprit, charmant jeu de société, qui chaque jour égaie nos cinémas, nos cafés, nos piscines, nos stations-service, enfin tout ce qui contribue à faire que notre nation possède la plus belle forme de vie sociale qui soit au monde : celle de la main tendue.

QUEL SYMBOLE !

Cet homme galonné qui se précipite pour ouvrir votre portière devant un restaurant, la paume largement offerte pour y recevoir une piécette, ce livreur qui, après avoir monté vos trois étages, remis votre paquet, reste sur le paillasson, sans mot dire, sans bouger, un bon sourire sur les lèvres, jusqu'à ce qu'un billet, dans une poignée de main silencieuse et complice, ait démontré une fois de plus le beau principe des paluches communicantes, n'évoquent-ils pas pour vous toute l'histoire des civilisations ?

Judas recevant en douce ses 30 deniers, Titus Marcus les cent sesterces de César, ou Ésaü son plat de lentilles ?

Mais, mis à part le symbole, je parlais tout à l'heure de jeu à propos du pourboire.

C'est bien un jeu, en effet, qui met un peu de sel et de suspense dans notre vie quotidienne.

– Oh !... Monsieur n'a pas réservé ? Toutes les tables sont prises...

Déjà la dame fait la moue. Le spectre hideux du snack-bar se dresse au point médian de vos projets.

Magnifique échange de regards et de gestes ; un petit biffeton à l'effigie de Bonaparte et voilà qu'on retrouve en un coin délicieux le guéridon fleuri et orné de bougeoirs.

– Parce que c'est vous, Monsieur !

L'INTRANSIGEANT

Les P et T marchent bien.

Tout y est prévu pour que vos lettres et mandats vous soient portés à domicile. Pas de surprise, chaque matin on vous remet votre courrier en mains propres (puisque vous sortez de votre salle de bains).

Oubliez-vous de faire tintinnabuler dans la dextre du facteur quelques ronds de métal où se profile l'image de Marianne ? Voilà que tout est changé. Le lendemain, un avis laconique vous préviendra qu'un pli est à retirer à la poste centrale, à l'autre bout de la ville, et que sur présentation de pièces d'identité, de quittances de loyer, de certificat de bonne vie et mœurs il vous sera remis de telle heure à telle heure...

Admirable divertissement, ce jeu du pourboire éclaire la grisaille de nos vies.

Chacun peut, avec un peu d'imagination, se prendre pour un maharadjah lançant quelques diamants à ses eunuques, pour un seigneur du Moyen Âge récompensant ses baladins, ou pour un mousquetaire jetant un sac d'écus à quelque tavernier.

Oui le pourboire est beau et il est grand, lorsqu'il est généreux.

Nous ne permettrons donc pas qu'un quotidien de la presse parisienne, et se disant intransigeante, tente de le salir et de le faire disparaître.

Ceci étant bien établi, je me permettrais de conclure, en signalant aux quelques abonnés de *L'Os à moelle*, qui se sont plaints de recevoir leur numéro avec retard que je vais immédiatement intervenir auprès des services distributeurs, c'est un travail très pénible, mais que ne ferais-je pas pour les contenter !

Je souligne en passant que le numéro de mon compte chèque personnel est 129.7569.

Des Anglais

Pas plus tard que cette semaine, un journal m'est tombé entre les mains, et un article sous les yeux : L'élection de Miss Monde vient de se dérouler à Londres, et c'est une Anglaise, Mlle One Telle, qui a triomphé. Les Britanniques sont ravis que ce soit une des leurs qui, *représentant l'Europe,* ait remporté ce titre tant convoité !

En lisant cet article, j'ai cru que j'allais avoir une attaque.

Car en faisant cette déclaration, les Anglais, une fois de plus, nous ont lancé un camouflet.

YOUR PROPOSITION
YOU CAN YOU LA PUT IN...

Depuis quand une Anglaise peut-elle représenter l'Europe ? L'Europe, c'est tout ce qu'on veut, sauf les Anglais. L'Europe, c'est nous : la France, l'Allemagne, l'Italie, la Belgique, la Hollande et le Luxembourg. L'Europe, c'est celle des SIX. Et les Anglais n'en font pas partie.

Depuis je ne sais combien de temps, les gouvernants de ces six pays n'ont cessé de faire offre sur offre et sourire sur sourire à la Grande-Bretagne pour qu'elle entre dans la combinaison européenne.

Les Anglais ont refusé de la manière la plus grossière qui soit. L'on se souvient encore de la réponse que fit à M. Couve de Murville, le ministre des Affaires étrangères de Sa Gracieuse Majesté : « *Your proposition, you can you la put in the...* », ce qui, en des temps plus anciens et plus dignes, eût été suffisant pour que Guillaume le Conquérant envoie une bonne centaine d'archers filer une avoine de première bourre aux régiments d'Albion.

Mais 1964 est le temps de la dégonfle, et nous n'avons rien dit. Nous avons encaissé le refus. Pourtant, chaque Européen digne de ce nom a senti ses poings se serrer et une larme perler au bord de sa paupière. Et je me souviens que ce jour-là, mon petit neveu, qui venait de salir la moquette du couloir en jouant avec la panoplie de « Petit chimiste », a respiré un coup de pompe dans la région lombaire à lui briser l'ischion. Il n'a jamais compris, le cher petit, que, dans cet acte de violence, c'est l'Angleterre que je voulais frapper.

Oui, chaque jour j'ai envie d'entrer en lutte contre la Grande-Bretagne, et je suis sûr que beaucoup d'entre vous sont comme moi.

L'Angleterre ne cesse de nous ridiculiser. Elle se sent plus forte que nous et elle a raison. Nous ne pouvons pas vivre sans elle. Elle seule fabrique les produits de première nécessité dont l'Europe a besoin.

Comment l'ouvrier allemand, au goût si fin et au palais si délicat, pourrait-il vivre sans ce cake et ce porridge qui forment la base de son alimentation quotidienne ?

Ces aliments, seule l'Angleterre peut les lui fournir.

Comment l'ouvrier hollandais, sans cesse préoccupé par les longues distances qu'il doit parcourir pour aller d'un polder à l'autre, pourrait-il concevoir l'existence sans l'aide des voitures anglaises, qu'il est incapable de fabriquer, et dont il a besoin comme la plante a besoin d'eau ?

Ces Bentley, ces Rolls-Royce, seule l'Angleterre peut les lui procurer.

COMME L'HÉTAÏRE S'ÉTIOLE ET S'ALANGUIT

Comment l'ouvrier italien, dont l'élégance vestimentaire est le seul souci, pourrait-il supporter cette vallée de larmes sans faire venir par wagons ces chapeaux melons dont il raffole et qui le rendent si séduisant ?

Ces couvre-chefs, seule l'Angleterre peut les lui offrir.

Comment l'ouvrier français pourrait-il supporter la fatigue de l'usine ou le harassant travail des chantiers sans boire ce thé dont il est si friand ?

En voyant chaque matin dépasser de sa musette la bouteille thermos que son épouse vient de remplir avec amour, on ne peut s'empêcher de songer que ce thé qu'il adore, seule l'Angleterre peut le lui donner.

Alors, on sent que l'on est pris au piège.

Comme l'hétaïre de Pigalle s'étiole et s'alanguit si ne vient chaque soir le bras du proxénète la maintenir sur le chemin de la volupté, l'Europe se recroqueville, l'Europe se sclérose, l'Europe se meurt sans l'Angleterre, et chaque aube est l'aurore d'un jour où nos gouvernants devront être courbés, humiliés et larvaires devant la suprématie britannique.

Mais nous laisserons-nous faire toujours, et en silence ? Ne nous révolterons-nous pas ?

Jusqu'à ce jour, nous avons été les jouets du peuple d'outre-Manche. Nous nous sommes laissé faire. Mais cette élection de Miss Monde est la goutte d'eau anglaise qui fait déborder le vase européen.

Nous allons, j'en suis sûr, réagir et agir. Nous ne supporterons plus d'être ainsi bafoués.

Nous trouverons bien un moyen pour faire comprendre à l'Anglais que les temps ont changé et qu'il n'est plus le maître.

Nous prouverons au monde et à nous-mêmes que nous ne sommes pas des lâches, que nous pouvons nous montrer énergiques et, dès à présent, je vous l'affirme, je vais aller filer une bonne dégelée à mon imbécile de petit neveu qui est en train de me filer un beau désordre dans la cuisine, en jouant avec le jeu de « L'homme du XXe siècle ».

Si les Martiens en avaient

Dimanche soir, j'avais rendez-vous avec Gameron, Chubblard, Siffre, et Abd el Khroum (des potes à moi) pour faire une belote. Moi, je ne me souvenais plus si c'était chez « Toutone », le bar-tabac de l'avenue de Versailles, ou chez le gros Georges, à Levallois.

Je dis : « Je vais tenter le coup à Levallois. » Manque de pot, pas plus de Chubblard, de Gameron et d'Abd el Khroum que de lueurs dans l'œil du ministre de l'Éducation nationale.

Je pense : Bon, c'est raté pour la belote, je rentre à la maison regarder la télé. À neuf heures, j'étais chez moi. Je donne un long baiser à la bonne, je fais un petit signe amical à ma femme, je mange deux ou trois bouts de betterave, je mâche une poignée de nouilles, j'avale vite fait un petit-suisse délayé dans du vin rouge et je me colle devant le poste, bien décidé à savourer le programme.

Qu'est-ce que je vois ?

D'abord, un film de Constantine. Y avait pas de quoi accrocher des drapeaux aux fenêtres, mais ça m'a pas déplu.

Ensuite, on nous faisait voir des patineuses en direct de Moscou. Évidemment, c'était moins marrant qu'Alain Cuny dans *Tête d'Or*, au Théâtre de France, mais les patineuses étaient en tutu, et moi, pourvu que je voie des cuisses, que ça vienne de Moscou ou d'ailleurs, je suis content.

Mais après... Après y avait une émission sur les soucoupes volantes et les extraterrestres, et là, franchement, j'ai piqué ma crise.

Parce que moi, j'y crois, aux soucoupes volantes. Je suis certain, moi, qu'un jour ou l'autre, si c'est pas déjà fait, on verra atterrir des petits mecs verts, gros comme des saucisses de cocktail, avec des ailes à la place des oreilles, des genoux pleins de trous de nez si j'ose dire, ou alors des drôles de types aplatis comme des crêpes, avec des tentacules par en dessous, des yeux sur les coudes et qui se nourrissent d'acide sulfurique, de sulfate de zinc, ou même de frites belges (qui sont, soit dit en passant, ce qu'il y a de plus dur à digérer dans le monde).

J'y crois, je vous dis, aux soucoupes. Et j'en trouverais trois dans mon jardin que ça m'étonnerait moins que de rencontrer quelqu'un qui a réussi à traverser le Carreau du Temple sans se faire refiler un costume.

Et c'est pour ça que cette émission m'a filé en pétard. Pendant une heure, on nous a montré des photos, des machins de radar, on nous a fait entendre des témoignages, on nous a montré des braves paysans qui avaient vu des soucoupes dans leurs champs, des gardes-barrières qui en avaient aperçu sur les rails, des entrepreneurs de maçonnerie qui en avaient trouvé le long des murs. Les preuves étaient formelles, y avait pas à discuter.

Eh bien ! malgré ça, un certain Lucien Barnier, journaliste scientifique, et qui, pourtant, semble être assez instruit, a déclaré : « Je ne crois pas que des créatures extraterrestres soient venues sur notre planète, car, étant donné le quotient d'intelligence qu'il faut pour accomplir ce voyage, si les Martiens en avaient, ils auraient tenté d'entrer en contact avec nous. »

Et pour quoi faire, monsieur Barnier. Est-ce que vous avez déjà tenté d'entrer en contact avec une langouste, un bernard-l'hermite ou un asticot à fromage ?... On les méprise les langoustes, les bernard-l'hermite, on leur adresse jamais la parole, les asticots, on se contente de les gratter avec la lame d'un couteau avant de boulotter son camembert. Et pourquoi agit-on comme cela avec ces animaux ? Parce qu'on les trouve vilains, sales, « pas comme nous », et qu'on en déduit qu'ils sont moins intelligents que l'« Homo sapiens ».

Mais, pour les Martiens, nous ne sommes peut-être que des asticots, peut-être qu'ils nous trouvent hideux, avec nos costards de Cardin, nos robes de Dior et nos lunettes de chez Lissac. Peut-être qu'à chaque fois qu'ils sont venus, ils ont fait « beuhh ! » et sont repartis, navrés de rencontrer sur cette planète des créatures vivantes, semblables à celles qu'on trouve chez eux, grouillant à la surface des champs d'épandage.

Peut-être existe-t-il, monsieur Lucien Barnier, sur Vénus ou Alpha du Centaure, d'horribles monstres qui vous ressemblent et dont on se sert pour effrayer les enfants (à deux têtes et cinq paires de bras) en leur disant : « Si tu n'es pas sage, le vilain Barnier va te bouffer. »

Non, je vous dis, si des créatures venues d'un autre monde sont venues nous rendre visite, y a aucune raison pour qu'elles aient essayé de nous rencontrer. Nous n'en valons pas la peine. Et, d'un autre côté, avec qui auraient-elles pu prendre contact. Pas avec vous ou moi. Notre réputation n'a pas encore franchi les frontières de la galaxie.

Le seul être dont le rayonnement a gagné le cosmos, c'est notre président de la République. Il n'y a que lui que peuvent chercher à joindre les extraterrestres. Et, croyez-moi, s'ils sont intelligents, ils n'essaieront même pas. Ils savent bien que les représentants du monde paysan, eux qui sont pourtant sur place, ça fait plus de six mois qu'ils attendent.

Cela dit, en conclusion de cette émission sur les soucoupes volantes, et au cours d'une tribune, quatre bonshommes sont venus dire qu'il était impossible, à leur avis, que des extraterrestres aient pu débarquer. Et moi, pendant dix minutes, en regardant leur tronche, j'ai bien cru que ça venait d'arriver.

Un matin, Dieu m'appelle au téléphone

Un matin, Dieu m'appelle au téléphone.
Je lui laisse même pas le temps de dire « Allô ».

« Tiens, ça serait-il pas mon pote Dieu qui appelle son Jeannot préféré ?

« Comment t'as deviné ? qu'il me dit.

« À cette heure-là, je lui réponds, ça ne peut être que toi, ou le trou du cul d'huissier qui me poursuit sans arrêt parce que je veux pas payer la redevance télé.

« C'est pas bien, qu'il me dit. Si je suis bien renseigné, en France, la télé c'est le service public. T'es bien content de regarder Claire Chazal le soir ! Et ça, c'est le service public qui te le permet. Le bien-être a un coût, mon cher.

« À force d'être là-haut, que je lui dis, avec tes anges à figure de gonzesses, tes martyrs au sourire niais et tout ce qui t'entoure sur ton nuage douillet, tu perds tout contact avec la réalité, mon pauvre vieux ! Faudrait que tu te rapproches un peu des humains, pépère ! Faudrait que tu laisses le nuage et que t'essaies un peu la classe économique d'Air France, avec les sièges qui font mal au cul et le plateau-repas qui tue !

« Mais qu'est-ce donc ? qu'as-tu ? il me dit. On peut écouter les gens au moins sans se fâcher !

[...]

« Moi je veux me fâcher et ne veux rien entendre ! Non mais des fois ! Le bien-être a un coût ! C'est grâce au service public que tu peux regarder Claire Chazal, mais je rêve ! C'est vrai que je regarde Claire Chazal apparaître dans mon salon éclatante, douce et fraîche, pimpante comme la fée Clochette devant Peter Pan mais laisse-moi te dire une bonne chose ! Claire Chazal, elle est sur la Une. Une chaîne privée qui ne vit que de la pub. Qui ne touche pas un rond de la redevance, donc qui ne coûte pas une thune au téléspectateur !

« Bon, il dit, j'ai peut-être fait une erreur à propos de Claire Chazal mais sur les chaînes du service public, y a aussi des gens intéressants et au moins y a pas de pub.

« Pas de pub, que j'hurle. PAS DE PUB ! Y a que ça !

Je me réveille le matin avec une famille de ringards qui prend son petit déjeuner devant une maison de ploucs avec le grand-père, la grand-mère, les parents, la fille, le gendre, le fiancé de la sœur et les mômes de l'oncle, le tout avec un grand sourire en buvant du jus de chaussette. Et le soir quand je m'installe pour regarder le film, je dois me farcir :

le fauteuil qui grimpe tout seul les escaliers pour les gens qui ont mal aux pattes,

le fromage de brebis grec,

la nénette qui dit à sa copine qu'elle fait bien son caca grâce au yaourt fibreux,

la dame qui peut aller au bal grâce au caleçon antifuites,

et celle qui se met pour trois fois le montant du SMIG de

liquide au CREZIPROPANEDIOL SUPERACTIVE sur les tifs parce qu'elle le vaut bien.

Sans compter trois ou quatre copains à moi qui disent que grâce à la poste, on peut perdre autant de pognon qu'ailleurs, mais que c'est plus facile de s'en rendre compte, et qu'il y a des saynètes où des singes nous apprennent à laver les tee-shirts crapoteux !

Et tout ça, c'est sur le service public. Et il faut quand même payer une redevance ! Quelle escroquerie !

« Vu comme ça, il dit Dieu, je te comprends.

« Bien aimable », je dis.

Il ajoute :

« Malheureusement, je ne peux rien y faire !

« Ça, j'en attendais pas moins ! T'as rien fait quand on a jeté des milliers de chrétiens aux lions, ni quand un cheval a sodomisé sainte Blandine, alors je me doute bien que tu vas pas te déplier pour supprimer la taxe télé, même si c'est l'arnaque du siècle !

« Tu n'as pas beaucoup de considération pour moi, dit Dieu. Tu me fais de la peine. »

Je me tais pendant un petit moment. Pas longtemps. Mais suffisamment pour réfléchir. C'est-à-dire que ça me tourne à toute vitesse dans le citron.

Je me dis : je devrais peut-être pas lui parler si durement. Si il se met en pétard, il peut me rectifier en moins de temps qu'il en faut pour le dire.

Mais après tout, c'est pas moi qui suis allé le chercher!

Je ne suis jamais allé à pied à Saint-Jacques-de-Compostelle, ni en pèlerinage à Vézelay comme Péguy. J'y suis allé, à Vézelay, mais c'était dans un Relais et Châteaux trois étoiles et la seule preuve de l'existence de Dieu, elle était dans les assiettes!

Moi, je n'ai jamais rien fait pour le rencontrer. C'est lui qui m'a appelé au téléphone le premier. Alors, j'estime que ça me donne le droit de lui parler durement si j'en ai envie.

Bien entendu, la première chose que j'ai voulu savoir quand il m'a appelé, c'est le sens de tout ça.

[...]

«Jeannot, je ne sais pas quoi te dire. Comment veux-tu que je t'explique? C'est trop difficile pour toi!

«Merci, je dis. Je suis un abruti. Je ne comprends rien à rien!

«Ne le prends pas comme ça, qu'il me dit. C'est pas une question d'intelligence. Je dirais la même chose aux autres humains s'ils m'interrogeaient. L'Homme ne peut pas comprendre le langage de Dieu!

«Alors, que je dis, c'est comme à l'armée. On doit obéir, un point c'est tout! Oui mon Dieu, merci mon Dieu, mais bien sûr, avec plaisir mon Dieu! Et ben moi, je te le dis, le style "que votre volonté soit faite", c'est pas le genre de la maison!

«Oh! là, là, dit Dieu. Ce que t'es rabat-joie! [...] Je sais très bien ce que tu veux me demander, dit Dieu. Les humains sont tous pareils ! Dès qu'ils interrogent Dieu, ils posent toujours les mêmes questions : qui on est ? d'où qu'on vient ? où qu'on va ? pourquoi qu'un jour on sera mouru ?

« Un peu normal ! je dis. On voudrait savoir.

« Mais moi, je ne peux pas répondre, je voudrais bien t'expliquer, mais c'est impossible. Je ne veux pas te vexer, mais c'est comme si tu essayais de démontrer la théorie de la relativité à un CRS !

« Merci du compliment, je dis.

[...]

« Bon, dit Dieu. Je vais voir ce que je peux te dire. Mais je te préviens tout de suite, pas de question pour expliquer pourquoi on devient mouru ! Ni pourquoi y a des injustices dans le monde, ni pourquoi certains sont plus malheureux que les autres, ni pour me parler de l'enfer, du purgatoire. Tout ça, c'est des inventions de curés pour prendre le pouvoir et me faire porter le chapeau.

« D'accord, je dis. Aucune question là-dessus. Mais d'où on vient ? Ça tu peux me le dire, d'où on vient. La création du monde, comment t'as fait ça ? Alors d'où on vient, ça, tu peux ? La création du monde ? »

Il y a un grand moment de silence. Je me demande s'il n'a pas raccroché, et puis il reprend.

« J'ai créé le monde, c'est vrai, mais seulement dans ma tête. On va dire que j'ai créé l'"idée" du monde. Tu ne crois tout de même pas que je me suis installé devant une table d'architecte avec du papier et des crayons pour dessiner tout ce qu'il y a dans l'univers ! D'ailleurs, la table d'architecte, le papier et les crayons, c'est l'Homme qui les a inventés. J'ai eu l'idée, le besoin, le désir de créer le monde. Mais c'est pas moi qui ai décidé qu'un homard aurait une carapace et des pinces, ni que les abeilles fabriqueraient du miel ! Je n'ai pas inventé le mimosa, l'huître, le chêne et le roseau, la cigale et la fourmi. Je n'ai pas créé la peste, ni les animaux malades de cette saleté ! J'ai créé la nature, c'est vrai, mais c'était abstrait. C'est la nature elle-même qui s'est organisée, jusqu'à ce que l'Homme la domestique, et maintenant d'ailleurs la foute en l'air !

« Et l'Homme ? je dis.

« L'Homme, oui. Mais attention ! Pas en décidant s'il serait gros ou maigre, grand ou petit, noir, jaune ou blanc. J'ai créé la chimie de l'Homme. Sa structure, et la possibilité qu'il puisse avoir un cerveau qui évolue. C'est tout... C'est pourquoi ça marche pour les uns et moins pour les autres.

« La chimie de l'Homme... je répète en essayant de comprendre.

« Attention, dit Dieu. La chimie métaphysique et philosophique. La chimie tout court, celle des prix Nobel, c'est l'Homme qui l'a inventée. »

Je patauge dans la semoule. Pour pas avoir l'air bête, je lance la plus grande connerie de tous les siècles :

« Et la femme ? je dis. Tu l'as vraiment faite à partir d'une côte ?

« Jeannot ! dit Dieu. Tu ne vas pas croire ça, quand même ! Laisse ça aux curés qui passent le dimanche matin à la télé, entre un imam et un rabbin ! Et pourquoi pas le serpent, la pomme, et Adam et Ève chassés du paradis pendant qu'on y est ! Tu me déçois. »

J'essaie de rattraper le coup.

« J'y croyais pas vraiment, je dis. Mais comme c'est ce qu'on nous apprend au catéchisme...

« Je sais... Je sais... » dit Dieu.

C'est marrant, je me rends compte qu'il a un peu la voix de Gabin. Il continue.

« Cette histoire d'Adam et Ève, ça m'a toujours filé en pétard ! Adam serait parti avec Ève, chassés du paradis terrestre. Ils auraient fait des enfants. Deux garçons. Et à leur tour, les garçons auraient fait des enfants ! Avec qui ? »

Je me dis, qu'après tout, ce Dieu est plein de bon sens ! [...] Et pas forcément omniscient.

*– Ça vous tente,
vous, l'immortalité ?
– Non. Je ne sais déjà
pas quoi faire quand
il pleut le dimanche...*

•

Table

MIXTE
Papier issu de
sources responsables
FSC® C003309

Les papiers utilisés dans cet ouvrage
sont issus de forêts responsablement gérées.

Mis en pages par DV Arts Graphiques à La Rochelle
Imprimé en France par CPI Brodard
Dépôt légal : mars 2015
N° d'édition : 4056 – N° d'impression : 3009569
ISBN 978-2-7491-4056-8